酒店行业公务接待员(师)职业能力培养系列标准

樊 辛 主编

上海交通大学出版社
SHANGHAI JIAO TONG UNIVERSITY PRESS

内容提要

公务接待是现代酒店行业中的重要工作任务之一,公务接待人员是高职教育酒店专业培养优秀人才的重点目标和任务。因此如何培养符合酒店行业标准的重要公务接待员是职业院校酒店管理专业的重要研究课题。

本书汇编的"职业能力系列标准"内容包括:酒店行业公务接待员(师)职业标准、公务接待员培养试点教学质量保障体系、校企联合培养学生党员制度、酒店行业技能大赛技术等系列标准和综合素质培养等九门核心课程。

图书在版编目(CIP)数据

酒店行业公务接待员(师)职业能力培养系列标准／
樊辛主编. —上海:上海交通大学出版社,2022.9
ISBN 978-7-313-25472-6

Ⅰ. ①酒… Ⅱ. ①樊… Ⅲ. ①饭店—商业服务—职业
培训—标准 Ⅳ. ①F719.2-65

中国版本图书馆 CIP 数据核字(2021)第 191480 号

酒店行业公务接待员(师)职业能力培养系列标准
JIUDIAN HANGYE GONGWU JIEDAIYUAN(SHI)ZHIYE NENGLI PEIYANG XILIE BIAOZHUN

主　　编:樊　辛
出版发行:上海交通大学出版社　　　　　　地　　址:上海市番禺路 951 号
邮政编码:200030　　　　　　　　　　　　电　　话:021-64071208
印　　制:苏州市古得堡数码印刷有限公司　　经　　销:全国新华书店
开　　本:787 mm×1092 mm　1/16
字　　数:277 千字
版　　次:2022 年 9 月第 1 版　　　　　　　印　　张:9.25
书　　号:ISBN 978-7-313-25472-6　　　　　印　　次:2022 年 9 月第 1 次印刷
定　　价:48.00 元

编 委 会 名 单

主　编：

樊　辛　上海城建职业学院

主　审：

曹　伟　上海市旅游饭店协会

参编人员：

陆　洋　上海市东湖（集团）有限公司

王永明　上海市东湖（集团）有限公司

王春春　上海城建职业学院

高　鑫　上海城建职业学院

黄　凯　上海城建职业学院

陈军容　上海城建职业学院

金　佳　上海城建职业学院

刘　滨　上海城建职业学院

刘　琪　上海城建职业学院

张洁静　上海市东湖（集团）有限公司

郑家臻　上海市东湖（集团）有限公司

前　　言

公务接待是现代酒店行中的重要工作任务之一，公务接待人员是酒店行业不可或缺的优秀人才。如何培养符合酒店行业标准的重要公务接待员是职业院校酒店管理专业的重要研究课题。公务接待员职业能力培养标准也是落实国家按照专业设置与产业需求对接、课程内容与职业标准对接、教学过程与生产过程对接等要求的重要成果。由于能力发展是一个非常复杂的过程，因此，职业院校在职业能力培养过程中，必须通过培养体系构架创新和课程设计来努力实现这一目标。

以酒店管理专业人才培养方案创新为基础，行业高素质人才职业标准为立足点，课程标准和教学质量保障体系等建设为措施，全面实施优质人才的培养工程。我们制订了《酒店行业公务接待员职业能力培养系列标准》共包括《酒店行业公务接待员（师）职业标准》《公务接待员分层次培养评价制度》《酒店行业公务接待员（师）培养试点教学质量保证体系》《公务（国宾）接待员培养学分制及弹性学制管理办法（试行）》《校企联合培养学生党员制度》等系列标准和《综合素质培养》《酒店管理概论》《酒店前厅与信息化管理》《酒店专业英语》《客房服务与管理》《会议组织与服务》《酒店服务技能（双语）》《酒店投诉与处理（双语）》《食品营养与卫生》等课程标准以及酒店管理技能大赛技术标准等标准。

职业教育研究没有尽头，由于能力有限，可能存在不当之处，敬请读者批评指正。

编　者

2021 年 7 月

前　言

目　录

酒店行业公务接待员（师）职业标准

（修订版）

上海城建职业学院酒店管理专业
上海市东湖（集团）公司人力资源部

2020 年 1 月

1　职业概况

1.1　职业名称

公务接待员(师),又称国宾接待员(师)。

1.2　职业定义

运用酒店服务与管理丰富知识、专业技能和丰富经验,从事酒店公务(国宾)接待工作,岗位和内容包括酒店前厅 VIP 团接待、行政层房务综合服务、餐饮(中西餐零点和宴会)高规格服务、各类高规格高标准会议协调与服务等。

1.3　职业等级

本职业共设两个等级,分别为国宾接待师(中级)、国宾接待师(高级)。

1.4　职业环境条件

室内,常温。

1.5　职业能力特征

1.5.1　政治素养

(1) 政治素质强(党员和入党积极分子优先),积极进取,并有较强的团队合作精神;

(2) 有较强的大局意识和工作执行力,有严密的组织纪律性;

(3) 形象和艺术气质良好,心理素质稳定,适应能力和抗压力强,身体健康能胜任各项工作。

1.5.2　业务素质

(1) 具有较强的服务意识,业务过硬,技能娴熟,反应敏捷、应对能力强,获得过市级及以上荣誉或技能大赛优异成绩的优先。

(2) 有良好的语言表达能力(标准普通话和英语口语)。

(3) 具有细心、耐心,观察力强,对客人无微不至的照顾和关怀的意识和能力。

1.6　基本文化程度

基本文化程度要求高职及以上学历。低于本学历的须经单位相关部门考核推荐,人事部门批准。

1.7　培训要求

1.7.1　培训期限

全日制职业院校教育,根据其培养目标和教学计划确定。普及培训期限:公务(国宾)接待师(中级)不少于 120 标准学时;公务(国宾)接待师(高级)不少于 150 标准学时。

1.7.2　培训教师

培训公务(国宾)接待师(中级)的教师应当具备本专业本科及以上学历和相关专业中级

以上专业技术职务任职资格或业内资深技术骨干、专家；培训公务（国宾）接待师（高级）的应当具有高级以上专业技术职务任职资格或业内资深专家、企业家。

1.7.3　培训场地设备

满足教学需要的标准教室和酒店国宾接待场所。

1.8　鉴定要求

1.8.1　适用对象

从事或准备从事本职业的人员。

1.8.2　申报条件

1）公务（国宾）接待师（中级）（具备以下条件之一）

（1）在酒店国宾接待部门连续工作2年以上，经本职业公务（国宾）接待师（中级）培训达标准学时数，并取得毕（结）业证书。

（2）高职院校毕业（或相当于高职毕业文化程度），年满18周岁的酒店从业人员，经本职业本等级培训达标准学时数。并取得毕（结）业证书。

2）公务（国宾）接待师（高级）（具备以下条件之一）

（1）连续从事酒店接待相关职业（餐厅服务、客房服务、康乐服务等）5年以上，经本职业公务（国宾）接待师（高级）培训达标准学时数，并取得毕（结）业证书。

（2）取得与本职业相关专业高等职业学校毕业证书，工作2年以上，经本职业公务（国宾）接待师（高级）培训达标准学时数，并取得毕（结）业证书。

1.8.3　鉴定方式

分为政治素养综合考评、专业理论知识考试和国宾接待专业技能考核，采用过程性考核、闭卷笔试方式及现场操作考评等方式。综合成绩皆达70分以上者为合格，71～89为良好，90分以上为优秀。

1.8.4　鉴定时间

各等级理论知识考试时间均为90分钟，技能考核时间为中级120分钟、高级180分钟。

1.8.5　鉴定场所设备

理论知识考试为标准教室或计算机房，考位不少于15个。技能考核（现场实操考核或情景模拟操作考核）在酒店国宾接待标准实训室进行。

2　基本要求

2.1　职业道德

爱党爱国，爱岗敬业。
忠于职守，严守纪律。
执行指示，力图高效。
遵守规则，保证质量。
钻研业务，开拓创新。
遵纪守法，协作诚信。

2.2　基础知识

2.2.1　专业知识

(1) 酒店行政部门和业务部门基本构架。

(2) 酒店二线部门对接公务(国宾)接待业务相关知识。

(3) 公务(国宾)接待型酒店客房服务与管理的标准要求。

(4) 公务(国宾)接待型酒店餐饮服务与管理的标准要求。

(5) 前厅部应接公务(国宾)团队高标准服务管理知识。

(6) 会务组织与服务工作在公务(国宾)接待任务中的地位。

(7) 康乐部与公务(国宾)接待任务执行之间关系。

2.2.2　国宾接待一线部门服务与管理基本知识

(1) 迎宾礼仪与行李服务。

(2) 前台接待礼仪与办理接待相关手续要点。

(3) 接待区域客房设施设备用品管理与对客服务要点。

(4) VIP 餐厅(中西餐)个性化和全局化高标准高规格服务要点。

(5) 不同类型和规模的会议组织和服务要素。

2.2.3　国宾接待餐饮营养与安全知识

(1) 个性化餐饮服务(营养配餐)和后续跟踪服务管理。

(2) 大型国事宴会餐饮服务(营养配餐)菜单设计和综合服务。

(3) 食品原材料采供和安全卫生高规格高标准管理。

(4) 厨房产品生产和安全管理知识。

(5) 公务(国宾)接待餐厅设施设备及用品精细化管理。

3　工作要求

本标准对公务(国宾)接待师(中级)和公务(国宾)接待师(高级)的工作内容、技能要求等依次递进,高级包括中级的要求。

3.1　中级

具体要求见表 1。

表 1　公务(国宾)接待师(中级)的工作要求

职业功能	工作内容	技 能 要 求	相 关 知 识
公务接待	酒店接待	① 能够通过单位和上级部门确定的方式办理公务(国宾)团队接待手续并做好相关记录; ② 能够将酒店客房和餐厅等部门现状进行统计并上报单位主管部门和领导; ③ 能够根据上级要求做接待区域客房和餐厅的前期工作	① 了解并明确房间分配方案和流程; ② 了解并准确运用酒店预订软件系统; ③ 了解并明确接待区域房间的种类和接待要求; ④ 了解并明确贵宾区房间的整体状态并汇报相关部门

（续表）

职业功能	工作内容	技 能 要 求	相 关 知 识
公务接待	酒店接待	④ 能够根据上级要求做客房和餐厅等部门的接待安排工作； ⑤ 能够记录上级部门对接待整体部署要求并整理成文上报单位主管部门和领导； ⑥ 能够将单位主管部门确定的接待方案传达至客房、餐厅等相关部门	⑤ 了解并明确餐厅接待工作和厨房准备工作间的协调和安排； ⑥ 了解并明确现存所有房间释放时间； ⑦ 了解并明确各项接待政策； ⑧ 了解并明确酒店内所有与国宾接待有关的政策和文件
	客房接待服务	① 根据酒店的政策和程序为公务（国宾）团队办理入住手续； ② 能够维护与公务（国宾）团队客人有关的所有必要文件和信息； ③ 能够向公务（国宾）团队客人发放钥匙； ④ 能够为公务（国宾）团队的客人提供分配房间的方向以及有关酒店服务和设施的信息； ⑤ 能够确保公务团队（国宾）付款以准备顺利退房； ⑥ 能够建议公务（国宾）团队客人的行李转移至房间，并根据酒店的政策安排转移	① 了解并明白公务（国宾）团队客人的文件和记录的有关法律要求； ② 了解并明白办理公务团队入住手续的电子和手工系统； ③ 了解并明白公务（国宾）团队发放钥匙的程序和协议； ④ 了解并明白公务团队登记注册的要求； ⑤ 了解并明白公务团队客人历史记录功能并更新； ⑥ 了解并明白公务团队客人的要求（叫醒服务、报纸、早餐和客房服务等）； ⑦ 了解并明白处理公务团队客人行李，随身物品和停车的流程
	客人投诉或问题处理	① 能够预见公务团队潜在的问题和抱怨； ② 能够使投诉公务团队客人放心，包括转移适当地点的请求； ③ 能够认真听取投诉，按要求记录笔录； ④ 能够客观而委婉地提问； ⑤ 能够在保持客观性的同时表现出同理心； ⑥ 能够组织记录笔记，区分事实与观点或假设； ⑦ 能够参考酒店的程序，找到合适的解决方案； ⑧ 能够根据情况应用酒店的处理程序； ⑨ 能够将超出个人权限的问题移交给其直属经理	① 了解并明白公务团队客人投诉程序，符合程序和灵活性； ② 了解并明白基本的调查和分析技术； ③ 了解并明白个人权限的范围； ④ 了解并明白国宾团队解决问题的基本原则
	酒店后台操作	① 能够快速准确地用邮件回复公务团队客人； ② 能够有效地使用计算机和常用办公软件； ③ 能够对文件和数据进行物理和电子归档； ④ 能够执行一般的办公室和行政程序，例如归档、文字处理、数据库、影印和记录维护	了解并明白一般办公室行政程序和流程，包括归档、文字处理、数据库、影印和记录维护

（续表）

职业功能	工作内容	技 能 要 求	相 关 知 识
客房餐厅及康乐服务	客房服务	① 能够合理选择公务团队房务管理组织模式； ② 能够做好公务团队房务管理的人员配备和组织； ③ 能够提供优质高效的客房服务：舒适典雅，创造优良住宿环境；清洁卫生、保证客人消费要求；保证客房准时出租；做好卫生管理；做好客房安全管理； ④ 能够选择和配备设备用品，保证其和酒店等级及公务（国宾）团队相适应； ⑤ 能够制定管理制度，做好设备用品维修保养； ⑥ 能够实行定额管理，控制用品消耗，提高经济效益； ⑦ 能够做好客房用品库房管理	① 了解公务团队房务管理的特点、任务和基本要求； ② 了解公务团队楼层房务管理的两种模式和方法； ③ 了解公务团队客房卫生质量检查内容和方法； ④ 了解公务（国宾）团队客房楼层服务管理的质量标准和效果检验； ⑤ 了解公务（国宾）团队客房设备用品管理特点、原则； ⑥ 了解公务（国宾）团队客房设备配备标准和要求； ⑦ 了解客房设备用品管理方法、客房用品消耗定额制定方法和考核管理方法
	餐厅服务	① 服务准备： 展示自己为公务团队客人服务的专业素养； 根据不同餐饮场所准备不同的服务用品，包括零点餐厅服务，宴会服务和酒吧服务等	（1）服务准备： ① 了解针对不同的服务场所提供不同的服务； ② 了解根据所提供的材料、设备，包括餐具、瓷器和玻璃制品，家具和布料物品等进行操作服务的相关知识
		② 沟通能力： 能够为公务（国宾）团队客人提供问候和引座、入座等服务； 能够为公务团队客人提供菜品和营养卫生系列服务； 能够提供推荐适合团队客人的食品和软硬饮料等服务； 能够适时与团队客人保持良好沟通	（2）沟通能力： 了解饮食文化，具备良好沟通能力，理解在服务过程中，与不同客人进行有效沟通的必要性
		③ 食品和饮料服务： 针对不同风格的菜品，能采用相对应的服务； 能现场进行简单健康卫生的菜品加工； 能制作常用咖啡并提供相关知识介绍等服务； 能现场为客人进行葡萄酒全套服务； 能制作鸡尾酒并提供相关知识介绍等服务	（3）菜品和软硬饮料服务： 了解食品饮料的出品标准； 理解不同餐饮服务环境，应采用的相对应的服务技巧； 理解优质服务的含义
	康乐服务	① 能够为公务团队客人进行护肤美容等保健休闲的介绍与推荐； ② 能够帮助公务团队客人选择健康有益的健身项目； ③ 能够营造健身场所气氛，设计互动多彩的交流活动	① 了解酒店保健休闲项目的类型及特点； ② 了解保健休闲场所的卫生管理要求； ③ 了解保健休闲项目的服务流程

职业功能	工作内容	技 能 要 求	相 关 知 识
客房餐厅及康乐服务	康乐服务	④ 能够为团队客人进行保龄球、台球游戏、健身房等室内康体项目的介绍与推荐； ⑤ 能够为团队客人进行网球场、游泳池等户外康体项目的介绍与推荐	④ 了解酒店常见的健身场所的类型和经营项目； ⑤ 了解娱乐场所的气氛营造知识； ⑥ 了解娱乐场所营运管理的内容； ⑦ 了解酒店康体项目的特征、经营特点； ⑧ 了解酒店各种康体项目的管理方法
会务接待	会议筹备	① 能够确定会议主要内容与步骤； ② 能够编制会议项目组织筹备中的相关文件和图标； ③ 能够对会前准备工作中的各个要点采取妥善的处理	① 了解会议项目组织筹备的基本要素； ② 了解与掌握会议项目组织筹备各个工作环节与流程； ③ 了解会前总部署与准备工作主要项目内容
	会议接待	① 能够进行会议接站； ② 能够进行会议现场接待与全程优质服务	① 了解会议现场接待与服务的项目内容和工作要领； ② 了解会议接待工作中所需的各种文件与图表的编制与处理方法
	会议服务	① 能够为公务（国宾）团队进行会议服务； ② 能够在会议期间对各个部门进行有效协调； ③ 能够充分展示自身的礼仪规范	① 了解主要会议形式现场服务内容和规范； ② 了解会议服务的基本技术方法； ③ 了解会议记录、会议评价的方法

3.2 高级

除比中级的部分工作要求提高及权重有所变化外，公务（国宾）接待师（高级）的工作还需要有餐饮营养及安全等方面的要求，具体要求见表2。

表2 公务（国宾）接待师（高级）的工作要求

职业功能	工作内容	技 能 要 求	相 关 知 识
国宾接待	酒店接待	① 能够高效地通过单位和上级部门确定的方式办理国宾团队接待手续并做好相关记录； ② 能够在较短时间内将酒店客房和餐厅等部门现状进行统计并上报单位主管部门和领导； ③ 能够根据上级要求做好接待区域客房和餐厅的前期工作（完整与适度）； ④ 能够根据上级要求做好客房和餐厅等部门的接待安排工作（完整与适度）； ⑤ 能够记录上级部门对接待整体部署要求并整理成文上报单位主管部门和领导； ⑥ 能够将单位主管部门确定的接待方案传达至客房、餐厅等相关部门	① 了解并明确房间分配方案和流程； ② 了解并准确运用酒店预订软件系统； ③ 了解并明确接待区域房间的种类和接待要求； ④ 了解并明确贵宾区房间的整体状态并汇报相关部门； ⑤ 了解并明确餐厅接待工作和厨房准备工作间的协调和安排； ⑥ 了解并明确现存所有房间释放时间； ⑦ 了解并明确各项接待政策； ⑧ 了解并明确酒店内所有与国宾接待有关的政策和文件

职业功能	工作内容	技 能 要 求	相 关 知 识
国宾接待	客房接待服务	① 根据酒店的政策和程序为国宾团队办理入住手续; ② 能够维护与国宾团队客人有关的所有必要文件和信息; ③ 能够向国宾团队客人发放钥匙; ④ 能够为国宾团队的客人提供分配房间的方向以及有关酒店服务和设施的信息; ⑤ 能够确保国宾团队付款以准备顺利退房; ⑥ 能够建议国宾团队客人的行李转移至房间,并根据酒店的政策安排转移	① 了解并明白国宾团队客人的文件和记录的有关法律要求; ② 了解并明白办理国宾团队入住手续的电子和手工系统; ③ 了解并明白国宾团队发放钥匙的程序和协议; ④ 了解并明白国宾团队登记注册的要求; ⑤ 了解并明白国宾团队客人历史记录功能并更新; ⑥ 了解并明白国宾团队客人的要求(叫醒服务、报纸、早餐和客房服务等); ⑦ 了解并明白处理国宾团队客人行李,随身物品和停车的流程
	客人投诉或问题处理	① 能够预见国宾团队潜在的问题和抱怨; ② 能够使投诉国宾团队客人放心,包括转移适当地点的请求; ③ 能够认真听取投诉,按要求记录笔录; ④ 能够客观而委婉地提问; ⑤ 能够在保持客观性的同时表现出同理心; ⑥ 能够组织记录笔记,区分事实与观点或假设; ⑦ 能够参考酒店的程序,找到合适的解决方案; ⑧ 能够根据情况应用酒店的处理程序; ⑨ 能够将超出个人权限的问题移交给其直属经理	① 了解并明白国宾团队客人投诉程序,符合程序和灵活性; ② 了解并明白基本的调查和分析技术; ③ 了解并明白个人权限的范围; ④ 了解并明白国宾团队解决问题的基本原则
	酒店后台操作	① 能够快速准确地用邮件回复国宾团队客人; ② 能够有效地使用计算机和常用办公软件; ③ 能够对文件和数据进行物理和电子归档; ④ 能够执行一般的办公室和行政程序,例如归档、文字处理、数据库、影印和记录维护	了解并明白一般办公室行政程序和流程,包括归档、文字处理、数据库、影印和记录维护
客房餐厅及康乐服务	客房服务	① 能够合理选择国宾团队房务管理组织模式; ② 能够做好国宾团队房务管理的人员配备和组织; ③ 能够提供优质高效的客房服务:舒适典雅,创造优良住宿环境;清洁卫生、保证客人消费要求;保证客房准时出租;做好卫生管理;做好客房安全管理; ④ 能够选择和配备设备用品,保证其和酒店等级及国宾团队相适应	① 了解国宾团队房务管理的特点、任务和基本要求; ② 了解国宾团队楼层房务管理的两种模式和方法; ③ 了解国宾团队客房卫生质量检查内容和方法; ④ 了解国宾团队客房楼层服务管理的质量标准和效果检验; ⑤ 了解国宾团队客房设备用品管理特点、原则

职业功能	工作内容	技 能 要 求	相 关 知 识
客房餐厅及康乐服务	客房服务	⑤ 能够制定管理制度,做好设备用品维修保养; ⑥ 能够实行定额管理,控制用品消耗,提高经济效益; ⑦ 能够做好客房用品库房管理	⑥ 了解国宾团队客房设备配备标准和要求; ⑦ 了解客房设备用品管理方法、客房用品消耗定额制定方法和考核管理方法
	餐厅服务	① 服务准备: 展示自己为国宾团队客人服务的专业素养; 根据不同餐饮场所准备不同的服务用品,包括零点餐厅服务、宴会服务和酒吧服务等	① 服务准备: 了解针对不同的服务场所提供不同的服务; 了解根据所提供的材料、设备,包括餐具、瓷器和玻璃制品,家具和布料物品等进行操作服务的相关知识
		② 沟通能力: 能够为国宾团队客人提供问候和引座、入座、开巾等系列服务; 能够为公务(国宾)团队客人介绍特色菜品和服务; 能够推荐适合公务(国宾)团队客人的菜品和软硬饮料; 能够保持与客人的良好沟通及优质服务	② 沟通能力: 了解国宾饮食文化,具备良好沟通能力,理解在服务过程中,与不同客人进行有效沟通的必要性
		③ 菜品和软硬饮料服务: 针对不同风格的菜品,能采用相对应的服务; 能现场进行简单优雅的菜品加工; 能制作常用咖啡并提供相关知识介绍等服务; 能提供葡萄酒全套服务(品鉴和知识介绍等); 能制作鸡尾酒并提供相关知识介绍等服务	③ 食品和饮料服务: 了解食品饮料的出品标准; 理解不同餐饮服务环境,应采用的相对应的服务技巧; 理解优质服务的含义
	康乐服务	① 能够为客人进行健康护肤美容等保健休闲的介绍与推荐等服务; ② 能够帮助为客人推介健康娱乐项目; ③ 能够营造娱乐场所气氛,设计系列康乐活动; ④ 能够为客人进行保龄球、台球游戏、健身房等室内康体项目和知识等介绍与推荐等服务; ⑤ 能够为团队客人进行网球场、游泳池等户外康体项目的知识介绍与活动形式等推荐服务	① 了解酒店保健休闲项目的类型及特点; ② 了解保健休闲场所的卫生管理要求; ③ 了解保健休闲项目的服务流程; ④ 了解酒店常见的娱乐场所的类型和娱乐项目; ⑤ 了解娱乐场所的气氛营造知识; ⑥ 了解康乐场所营运管理的内容和要求; ⑦ 了解酒店康体项目的特征,经营特点; ⑧ 了解酒店各种康体项目的管理方法

(续表)

职业功能	工作内容	技 能 要 求	相 关 知 识
会务接待	会议筹备	① 能够确定会议主要内容与步骤并做好相应的准备; ② 能够编制会议项目组织筹备中的相关文件和图标; ③ 能够对会前准备工作中的各个要点采取妥善的处理	① 了解会议项目组织筹备的基本要素; ② 了解与掌握会议项目组织筹备各个工作环节与流程; ③ 了解会前总部署与准备工作主要项目内容
	会议接待	① 能够做好会议接站、会前休息安排等工作; ② 能够进行会议现场 VIP 特别标准接待服务工作	① 了解会议现场接待与服务的项目内容和工作要领; ② 了解会议接待工作中所需的各种文件与图表的编制与处理方法
	会议服务	① 能够为公务(国宾)团队进行会议全程高标准服务; ② 能够在会议期间与各个部门进行有效协调; ③ 能够充分展示会议礼仪规范和优质服务风范	① 了解主要会议形式现场服务内容和规范; ② 了解会议服务的基本技术方法; ③ 了解会议记录、会议评价的方法
餐饮营养与安全管理	菜品设计	能够根据国宾团队客人要求,结合本企业客观条件,策划与设计营养菜单	① 了解餐饮预算的特点和预算管理的内容; ② 了解预算管理的任务和基本要求
	食品原材料采供管理	① 能够进行食品原材料采购管理; ② 能够进行食品原材料库房管理; ③ 能够进行食品原材料采供管理控制	① 了解食品原材料采购管理程序和方法; ② 了解食品原材料库房管理基本管理程序、方法和考核; ③ 了解食品原材料采购管理控制方法
	厨房餐饮产品生产管理	① 能够确定厨房生产任务和原材料需要量; ② 能够安排生产流程; ③ 能够进行组织厨房(中心厨房)食品原材料加工; ④ 能够进行组织厨房烹调热菜、冷菜、面点、汤类食品加工	① 了解厨房生产管理特点和基本要求; ② 了解厨房生产任务和产品标准化管理方法; ③ 了解加工厨房生产管理方法; ④ 了解烹调厨房生产管理方法
	餐厅服务管理	① 能进行餐厅布置,做好餐前准备(要求同中级); ② 能够根据市场环境和国宾团队客人需求变化,采用灵活多样方式,合理组织产品销售提高餐厅上座率和人均消费水平; ③ 能够进行现场管理和餐厨联系; ④ 能够进行做好餐厅清洁卫生管理	① 食品卫生法知识; ② 消费心理学相关知识; ③ 质量管理知识; ④ 营销知识

（续表）

职业功能	工作内容	技 能 要 求	相 关 知 识
餐饮营养与安全管理	酒水服务管理	① 能够做好酒水采购管理； ② 能进行酒水销售服务管理控制； ③ 能够讲出各类常见酒水的种类和特点	① 了解酒水销售管理特点任务和组织形式； ② 了解酒水销售服务管理进程的组织； ③ 了解酒水销售工作程序、方法和标准； ④ 酒吧设备配置和常见工具与配料知识
	餐饮设备用品管理	能够根据餐厅等级和厨房需要，做好设备用品的选择和配套	① 了解餐饮设备用品管理的特点和管理原则； ② 了解餐饮设备用品管理的方法和工作内容； ③ 餐饮设备用品知识； ④ 餐饮设备用品使用保养维护知识； ⑤ 餐饮设备使用规程知识

3.3　中、高级工作内容权重表

见表3。

表3　中、高级工作内容权重表

职 业 功 能	工 作 内 容	权重比例(中级)	权重比例(高级)
公务(国宾)接待	酒店接待	15%	15%
	客房接待服务	15%	10%
	客人投诉或问题处理	10%	5%
	酒店后台操作	5%	3%
客房餐厅及康乐服务	客房服务	5%	5%
	餐厅服务	15%	15%
	康乐服务	5%	2%
会务接待	会议筹备	5%	3%
	会议接待	15%	10%
	会议服务	10%	2%
餐饮营养与安全管理	菜品设计		2%
	食品原材料采供管理		3%
	厨房餐饮产品生产管理		3%
	餐厅服务管理		10%
	酒水服务管理		10%
	餐饮设备用品管理		2%

公务接待员分层次培养评价制度

上海城建职业学院酒店管理专业
上海市东湖(集团)有限公司
陆洋大师工作室

2018 年 7 月

　　酒店管理专业人才培养实行全方位、多层次、多角度评价制度，校企合作紧紧围绕现代酒店管理专业人才培养方案中的设计内容对学生进行全方位、多层次、多角度的评价，确保学生经过校企双方协同培养后，能成为企业乃至酒店行业需要的核心人才。

1　评价内容

1.1　公共基础课

　　公共基础课是由学生所在高校统一设计的，以提升学生的思想政治水平、基础英语水平、基础计算机运用能力、基础语言能力，因此该部分课程的内容制订与考核标准的主体是学校，由学校导师进行完整考核。

1.2　专业基础课和专业核心课

　　专业基础课和专业核心课由学生、校企双方经过教学指导委员会共同研讨制订。专业基础课和专业核心课程既要体现专业所在行业、市场的一般发展需要，又要体现企业的特殊要求。企业从专业基础开始逐步渗透分层次公务（国宾）接待班级的日程教学，可涵盖酒店行业发展背景与趋势、酒店集团文化、单体酒店文化、职业素养、工作态度、岗位职责、人才成长规划等。专业核心课程可涵盖酒店八大部门的核心岗位知识、工作程序与核心岗位技能。

　　专业基础课的内容研讨中要充分考虑学分制班级的特点与需要，做好行业和市场发展需要的基础理论与企业发展需要的特殊性之间的模块搭配，本学校酒店管理专业的分层次 VIP 接待班级的探索中，对专业基础课的内容设计采用了 1∶1 的模式。

　　专业核心课程的内容研讨中充分考虑校企合作企业的特殊需求，以扎实学生的基础理论知识和提升学生的核心岗位技能为主，本学校酒店管理专业的分层次 VIP 接待班级的探索中，对专业核心课程内容设计采用了 1∶2 的模式。

2　评价维度

　　分层次公务（国宾）接待班级提倡校企协同育人的多元评价体系，因此，本校酒店管理专业从以下三个维度对学生展开全面评价。

2.1　学生态度

　　（1）遵守党和国家的路线、方针、政策，政治观点鲜明、立场坚定、坚持原则。
　　（2）爱岗敬业、吃苦耐劳，自觉接受学校和企业分配的各类任务。
　　（3）尊敬师长、待人谦和、诚实守信、团结协作。
　　（4）学习、工作勤奋、积极，不迟到、不早退。
　　（5）关注国家大事，有较高的政治素养，对政治生命有明确的态度和追求。

2.2　学生能力

　　（1）掌握学生岗位基本知识和基本技能的学习能力。

（2）较强的公务（国宾）接待服务能力。

（3）良好的沟通能力，能与学校导师、企业大师、学生之间、企业同事之间保持良好的沟通。

（4）团结协作的能力，能与学生之间、同事之间、学校导师、企业同事间团结协作，完成任务。

2.3　学生成效

（1）学生岗位基本知识的测评等第。

（2）学生岗位基本技能的考核等第。

（3）学生与各层面沟通情况记录评估报告。

（4）学生与各层面协作完成任务的记录评估报告。

（5）独立解决问题，完成任务的记录评估报告。

（6）学习态度、职业素养的记录评估报告。

3　评价主体

评价主体的选择是实施考核评价体系的关键。以校企联合培养人才为基础，要求评价主体的多元化、多层化。结合本院酒店管理专业分层次公务（国宾）接待班级的运行情况，确立了三个角度的评价机制。

3.1　校、企、大师对学生的评价

3.1.1　校方导师

校方导师包括了专业课教师和辅导员教师。专业课教师从职业素养和专业知识、专业技能多层面对学生展开评价。辅导员教师偏重从学生态度、职业素养角度展开评价。

3.1.2　企业大师工作室（陆洋大师工作室）

企业大师是指特定岗位的带教大师。带教大师手把手地传授岗位知识与技能给学生，从职业素养、专业知识、专业技能的学习、掌握情况开展评价。

3.1.3　企业其他部门

企业其他部门是指教学过程中辅助工作开展的相关岗位大师，比如人力资源部，虽然他们不参与岗位技能的传授，但是在学习态度、职业素养、职业文化等方面依然对学生有着较大的影响，因此对学生展开评价。

3.2　学生对校、企、大师、学生的评价

3.2.1　学生对学校导师的评价

学生对学校导师（专业教师、辅导员教师）的专业性、工作态度、工作能力展开评价。

3.2.2　学生对企业环境、制度与人才晋升的评价

分层次培养提倡校企协同育人，是为企业打造有用的"人才"，那么学生进入分层次 VIP 班级，就应该对企业的环境、制度与人才晋升途径有知情权，并在培养过程中，对其进行评价。

3.2.3　学生对特定岗位带教大师的评价

学生对特定岗位企业带教大师的专业性、工作态度、工作能力展开评价。

3.2.4 学生之间的互评

学生与学生之间展开互评，互相结对，彼此督促，共同进步。

4 评价方法

全方位、多层次、多角度的评价过程中，采用定性评价、定量评价和综合评价相结合。

4.1 定性评价

定性评价是指对不便量化的评价对象，采用定性的方法，做出价值判断，进行定性描述。对学生、学校导师、企业大师的职业态度、职业素养、学习能力、协作能力、沟通能力等方面可采用定性评价，采用评估报告的形式。

4.2 定量评价

定量评价是指采用定量计算的方法，对评价对象做出定量结论和数字描述。对学生应该掌握的知识点、技能点、技能水平等级等可采用定量评价，采用数字描述的形式。

4.3 综合评价

综合评价是指将定性与定量相结合，对评价对象的整体情况进行评价。对学生的整体评价报告，表明了校企对学生的培养成效，可作为分层次公务（国宾）接待班级在企业职业生涯成长的基础报告文件。

酒店行业公务接待员（师）培养试点教学质量保证体系

上海城建职业学院酒店管理专业
上海市东湖（集团）公司人力资源部

2020 年 1 月

根据分层次 VIP 接待试点的有关要求和教育教学的规律,结合我专业实际,特制订我专业的教学质量保证体系。

1　教学质量保证的目标系统

酒店管理专业分层次 VIP 接待试点的教学质量保证目标体系由学校目标、学院目标、专业目标、课程目标组成,总体要求是:上位目标指引下位目标,下位目标服从上位目标,目标逻辑清晰,表述准确。

1.1　学校目标

我校的办学定位是"城市建设和城市管理与城市服务",发展目标是"中国双一流高职院校"。

1.2　学院目标

紧紧围绕学校的办学定位和发展目标,着力打造"社会服务"和"公共管理"2 个专业群,以"酒店管理"和"劳动与社会保障"2 个骨干专业为龙头,各个专业协同、错位发展,凸显特色,使专业教育教学质量保持学校前列、上海优质水平。

1.3　专业目标

通过分层次人才培养计划实施,培养热爱酒店行业,符合高星级酒店各个岗位服务和管理、符合国宾接待标准要求的具备较强政治思想素质、人文艺术涵养、国际视野和交流能力,掌握世界先进的酒店管理知识和一流服务技能,并能胜任国宾服务、高星级酒店及精品酒店 VIP 接待等工作的德智体美劳全面发展的高素质应用型、复合型人才。

2　教学质量保证的人力系统

目标的实现取决于多种因素,人的因素是关键因素。我专业坚持"全员育人"方略,所有人、一切工作都紧紧围绕教学展开,为教学服务。为此,我们的人力保障系统包括:

2.1　管理人员

除了校级层面的管理人员之外,我院从院长、党总支书记、副院长、副书记到办公室主任、教务秘书、行政秘书、实训室管理员都是教学质量保证的责任主体,都有责任和义务为教学提供服务和保障。

2.2　校内专任教师

我们严格按照国家标准配备专任教师,酒店管理专业 14 名,严格控制教师的教学工作量和实训、实习带教数量。不断提高教师学历水平,硕士以上学历教师达到 85%以上;完善教师职称结构,专业带头人有高级职称教师。

2.3　校内兼课教师

严把校内兼课教师质量关,杜绝没有教师资格人员上讲台;按需开课,按需排课,不搞人情课、特需课。

2.4　校外兼职教师

重点打造一支行业、企业一线专家兼职教师队伍,让企业一线专家参与人才培养方案、课程标准、教学内容、课程设计的制订与实施,承担一部分实践性、操作性较强的课程授课。外校来我专业兼职的教师都是行业能手。

2.5　辅导员

辅导员教师除了承担一部分公共课程的授课之外,重点抓好现代学徒制学生的学风建设和日常管理,为教学质量提供学生"学"的保障。

3　教学质量保证的组织系统

我专业坚持党政共同负责,"一把手"抓教学,配备1名副院长1名院长助理协助管理教学、科研、实验实训、技能大赛等具体工作。

成立专业分层次公务(国宾)接待试点建设指导委员会,作为专业建设的咨议机构,聘请校内领导、行业专家作为成员。专业负责人负责专业分层次VIP接待试点建设指导委员会的运行。

学院成立以主管教学副院长(院长助理)为组长、各专业负责人为成员的"教风工作小组",着力加强"教风"建设。

学院成立以主管学生工作的副书记为组长、辅导员老师为成员的"学风工作小组",着力加强"学风建设"。

4　教学质量保证的管理系统

4.1　制度管理

专业注重教学管理的"制度化、规范化"建设,坚持"常规事务按制度办、特殊事务按决议办",减少教学管理的随意性和主观性,为广大教师的"教"和学生的"学"营造规范有序、宽松适度的氛围。严格贯彻执行学校的规章制度,同时制订了一系列分层次VIP接待试点的规章制度:① 校企合作协议;② 校企联合招生制度;③ 企业—学生—学校三方协议;④ 校企协同育人制度;⑤ 分层次VIP接待试点评价制度;⑥ 分层次VIP接待试点人才培养方案;⑦ 专业教学标准;⑧ 六门核心特色课程标准、单元设计、课件制作;⑨ 核心岗位技术标准;⑩ 核心岗位大师带教标准;⑪ 校企联合教研活动制度;⑫《大师工作室章程》;⑬《大师工作室会议制度》;⑭ 弹性学分管理制度;⑮ 多主体评价制度;⑯ 分层次公务(国宾)接待试点考核制度;⑰ 企业"带教大师"档案等。对于没有明文规定的特殊事项,我们坚持党政联席会议制度,共同协商解决。

　　贯彻执行规章制度不打折扣，在分层次 VIP 接待试点的事项中，严格执行有关规定。

4.2　过程管理

　　注重过程管理。从分层次 VIP 接待试点人才培养方案的制订到课程实施，从课堂授课到企业实践实习，都有着科学规范的实施步骤和规程。

　　在分层次公务（国宾）接待试点人才培养方案制订上，做好六个环节的工作：调研、起草、论证、修改、再论证、定稿。在每一个环节中，都必须把功课做实做足。在调研环节，应该注重掌握四个方面的意见，一是行业一线对人才需求的意见；二是已经毕业学生的意见；三是学科专家的意见；四是所有专业教师的意见。在起草环节，要求选择专业扎实、文字功底好、工作态度认真的教师执笔，充分吸收调研阶段的意见建议。在论证阶段，努力组织覆盖面宽、业界有影响的专家论证团队。在修改环节，避免原起草人的思维定式影响，由学科带头人和专业负责人负责执笔修改。在再论证环节，高效调整论证专家组成员，补充新的高水平专家。在定稿环节，召开党政联席扩大会议，吸收专业负责人和部分骨干专业教师参与决策。

　　在分层次公务（国宾）接待试点课程实施阶段，坚持环节完整、程序规范、保证质量。在师资配置上，做到校内专任教师、行业兼职教师组合教学，特别是一些实践性强、操作环节多的课程，一般应有企业、行业一线专家任课。在教学评价上，采取师生互评、同行评教、专业负责人评教学材料等多种方式相结合。

　　在每个环节，都有相应的规章制度予以规范，确保"操作有规、评价有据"。

4.3　危机管理

　　在分层次 VIP 接待试点教学过程中，往往会遇到一些突发情况，如师生突发疾病、学校重大活动造成教学活动调整、突然停电、部分学生出现学业危机等。

　　为了处理好这些非常规事件，成立由教学副院长为组长的"教学危机管理工作小组"，沉着冷静、积极面对、科学处理。

5　教学质量保证的物质系统

　　教学是发生在特定时空中的活动，需要一定的物质条件予以保障。

5.1　教学场所的保障

　　专业有充足的教学、实践、实习基地，严格按照学校实习管理办法的规定，遴选实习单位，配备实习指导老师。

5.2　实训设备的保障

　　按照国家规定的标准配置实训室的面积、规格，设备充足优良，能够满足校内实训的需要；及时配发实训材料和工具，坚决杜绝故意节省实训材料影响教学效果的事件发生。

5.3 教学条件的保障

每个教室配备多媒体、话筒等现代教学设备，安排专人勤检查、多维护，确保教学活动的正常开展。

公务（国宾）接待员培养学分制及弹性学制管理办法（试行）

上海城建职业学院

2020 年 1 月

为适应职业教育新形势、新要求,不断深化教育教学改革,推进教育教学组织和管理制度的创新,完善现有的教学评价制度,实现产教深度融合,坚持服务学生的终身发展为目标,落实"立德树人"的根本任务,培养酒店行业现代工匠,优秀的公务接待工作者,结合酒店管理专业实际情况,拟定该管理办法。

1　指导思想

为深入贯彻落实习近平新时代中国特色社会主义精神,以《关于深化教育改革全面推行素质教育的决定》《关于深化高等学校创新创业教育改革的实施意见》、"职教二十条"等文件精神为依据,积极探索现代职业教育规律和路径,打造大国工匠,创新机制、制度,根据职业教育特点,创造条件实施学分制,建立适应学生发展需要的教学组织和管理制度,满足学生成长、成才需求,增强办学活力,培养满足我国经济社会发展的一流人才。

2　核心术语界定

2.1　学分制

学分制,指以学分作为衡量学生学习任务量及学习成效的重要指标,旨在满足学生多样化成长、成才需求的个性化、人性化的教学制度。学分是计算学生完成课业的必要时间和成效的基本单位,是学生获得学历证书的主要依据,也是学校组织教学的依据。

2.2　弹性学制

弹性学制狭义上是指学习内容有一定的选择性,学习年限有一定的伸缩性的学校教育教学模式。弹性学制的最大特点是学习时间的伸缩性(即可提前毕业,也可滞后毕业)、学习过程的实践性(即可半工半读、工学交替、分阶段完成)以及学习内容和学习方式的选择性(即学习课目有必修和选修之分、学习方式有校内和校外之别)。

3　弹性学制的基本设计

本管理办法采取学分框架下的弹性学制与学年制的有机结合。获得毕业证书的标准学习年限为 3 年、4 年、5 年。对在规定学制期限内未完成教学计划规定的学习任务者,允许延长学习期限,即在标准学习年限基础上,可推后 1~2 年毕业。对学有余力,提前取得规定学分并达到毕业条件的学生,允许其提前毕业,但提前时间最多 1 年(对提前毕业学生的毕业资格必须严格审查)。对于进行分层次 VIP 接待试点的学生其学制可校企双方依据企业实际与学院教学需要延长或者缩短学制,原则上要符合学院弹性学制的有关规定。学生在校学业成绩和品德表现全部可通过成绩换算成学分来反映。

学生在校或者在企业期间可通过多种途径来获得学分,如规定课程的学习、参加企业实践、参加岗位培训、参加技能鉴定、参加各类比赛获奖、参加社团活动和校外实习均可获得学分。

4　学分的种类

本办法所涉及学分的种类有以下 5 类：课程类学分、技能类学分、免修类学分、劳模精神育人类学分、活动实践类学分。

4.1　课程类学分

课程类学分是指通过参加实施性教学计划的课程考试或考查，所获得的学分，实施性教学计划的课程包括公共基础课程，公共选修课、专业核心课、专业基础课、专业拓展课、集中实践课的专业课程。

4.2　技能类学分

技能类学分是指通过学院、企业技能鉴定或劳动部门组织的职业资格鉴定所获得的学分。

4.3　大赛获奖类学分

参加大赛获奖类学分是指参加市级及以上的各项竞赛以及由学院认定比赛获奖所免修相应课程的学分。

4.4　劳模精神育人类学分

劳模精神育人类学分是指规定年限内完成劳模精神育人学习，获得相应学分。

4.5　活动实践类学分

活动实践类学分是指学生必须参与劳动课程、志愿活动和社会实践，获得相应学分。

5　学分的确定和取得

5.1　学分的确定

根据专业建设委员会及学校教学指导委员会确定，酒店管理专业通过规定年限的学习，修满专业人才培养方案所规定的学分，学分包含以上 5 类学分累积（特殊规定除外）。

5.2　学分的取得

5.2.1　课程类学分

各门课程学分的计算以该课程在学分制实施性教学计划中的课时数为主要依据，以 16 个学时为 1 个学分计算。

5.2.2　技能类学分

学生在企业获得相应的各类职业技能（资格）证书可向学校申请折算为相近课程学分。学生在企业所获得的各类荣誉证书，可向学校提出申请转换为奖励学分。

5.2.3　免修类学分

参加各类技能大赛并取得奖项,按学院相关规定计入学分(见表1)。

表1　各类技能大赛奖项学分转换表

序号	赛项名称	对应可申请学分转换课程	备　注
1	上海市"星光计划"职业院校技能大赛	酒店接待项目可以免修课程《前厅管理与服务》和《酒店信息化管理》;西餐服务项目可以免修课程《餐饮服务与管理》和《酒吧经营与管理》;导游服务项目可以免修课程《导游基础》	《前厅管理与服务》4学分,《酒店信息化管理》4学分,《餐饮服务与管理》2学分,《酒吧经营与管理》4学分,《导游基础》2学分
2	全国高职院校职业技能大赛	西餐服务项目可以免修课程《餐饮服务与管理》和《酒吧经营与管理》;导游服务项目可以免修课程《导游基础》和《上海旅游》	《餐饮服务与管理》2学分,《酒吧经营与管理》4学分,《导游基础》2学分,《上海旅游》2学分
3	世界技能大赛	酒店接待项目可以免修课程《前厅管理与服务》《酒店信息化管理》和《酒店服务技能》;西餐服务项目可以免修课程《餐饮服务与管理》《酒吧经营与管理》和《酒店服务技能》	《前厅管理与服务》3学分,《酒店信息化管理》4学分,《酒店服务技能》4学分,《餐饮服务与管理》2学分,《酒吧经营与管理》4学分

5.2.4　劳模精神育人类学分

结合实习实训强化劳动教育,参加劳动教育、劳模实践等获得的学分。

5.2.5　活动实践类学分

入学教育、就业教育、军训、社会实践、社会调查、公益劳动等获得的学分。

5.2.6　分层次学分认定

对进行分层次 VIP 接待试点的学生,依据校企双方确定考核评价方式获得成绩和学分认定,并以学校教务部门出具的正式成绩通知单为凭证,承认其所取得的相应学分。

6　课程考核与成绩记载

6.1　学生所修读的课程均须进行考核

考核成绩合格,即可取得规定的学分,成绩记入学生成绩登记表,归入本人档案,作为学生学籍变动和毕业的依据。

6.2　课程考核分为考试和考查两种方式

考试课程的考核一般在每学期考试周内进行,可采取闭卷、开卷、口试、笔试等多种形式,其成绩评定,由期末考试(或课程结束考试)成绩和平时成绩构成。平时成绩的确定以各阶段检查结果为依据。平时成绩占课程成绩的比例因课程而异;考查课一般不进行正式的期末考试,其考核成绩可根据学生学习态度、出勤情况、平时提问、作业、小测验、实验报告、课程论文、实际操作等成绩综合确定。考查课程的考核应在该门课程结束时完成。

7　毕业和结业

7.1　毕业

学生在标准的学习年限和学院规定的弹性，修满专业人才培养方案所规定的学分，同时还须达到以下要求。

（1）学生必须完成劳模精神育人学习，劳动教育课程必须修满 20 小时，获得相应学分。

（2）学生必须达到国家规定的大学生体质健康标准，具有健康的体魄和良好的心理素质。

（3）学生必须参与劳动课程、志愿活动和社会实践，志愿活动和社会实践必须获得 4 虚拟学分。

满足以上条件，并符合《上海城建职业学院学籍管理》规定的学生，准予毕业。

7.2　结业

学生在校期间修满规定的课程，尚不具备毕业条件者，可先颁发结业证书，在结业一年之后两年之内经过申请重修、补考等达到毕业条件者，可换发毕业证书，毕业时间按发证日期填写。过期不予换发毕业证。

本管理办法解释权属酒店管理专业分层次 VIP 接待试点领导小组。

校企联合培养学生党员制度

上海城建职业学院 酒店管理专业
上海市东湖(集团)公司 人力资源部

2019 年 10 月

党的十八大以来,以习近平同志为主要代表的中国共产党人,顺应时代发展,从理论和实践结合上系统回答了新时代坚持和发展什么样的中国特色社会主义、怎样坚持和发展中国特色社会主义这个重大时代课题,创立了习近平新时代中国特色社会主义思想。习近平新时代中国特色社会主义思想是对马克思列宁主义、毛泽东思想、邓小平理论、"三个代表"重要思想、科学发展观的继承和发展,是马克思主义中国化最新成果,是党和人民实践经验和集体智慧的结晶,是中国特色社会主义理论体系的重要组成部分,是全党全国人民为实现中华民族伟大复兴而奋斗的行动指南,必须长期坚持并不断发展。在习近平新时代中国特色社会主义思想指导下,中国共产党领导全国各族人民,统揽伟大斗争、伟大工程、伟大事业、伟大梦想,推动中国特色社会主义进入了新时代,我国的职业教育事业也进入了新的具划时代意义的时代。

"怎样培养人、为谁培养人"永远是摆在教育工作的第一位。"为党育人,为国育才"任重而道远。作为上海市教育党委直接领导下的上海城建职业学院、上海市酒店行业国资龙头企业上海市东湖(集团)有限公司和上海市衡山(集团)有限公司,共同肩负着培养党的事业接班人的重任。

新时代酒店业,肩负着宣传弘扬传承中华文明文化和为国家地区政府开展政治经济文化交流接待服务的使命,尤其是作为上海市委市政府主要接待单位的上海市东湖(集团)有限公司、上海市衡山(集团)有限公司,对员工有着更高的政治要求,党员培养工作尤为重要。

1 指导思想

为了充分发挥双主体育人机制作用,在深度产教融合基础上,以上海城建东湖产业学院和教育部现代学徒制试点单位(城建—衡山)为试点,针对高职学生在校期间时间较短,步入企业实习期间和毕业后如何将党组织培养工作无缝对接,共同就培养优秀学生或企业骨干在符合入党条件时及时加入中国共产党,为党增添新鲜血液,凝聚更大力量,三方基层党组织研究制定了《校企联合培养学生党员制度》,旨在通过建立校企合作党员培育衔接框架,构建党员发展质量保障体系,以期增强校企双方党员衔接共育的责任意识,使校企双方实现党组织紧紧围绕"优势互补、互帮互助、校企联动"的思路,以党建共建促进校企共同发展,把党建和产教融合培养人才有机结合,不断拓展校企党建共建项目。切实做好学生党员发展的衔接工作,实现发展工作良性循环,不断推进校企基层党组织争先创优、人才储备,实现以共建深化创新,以党建推动发展,以衔接赋能培育,不断提升校企创新型基层党组织发展水平。

2 工作制度

2.1 发展党员基本原则

2.1.1 严格执行规定

严格执行《中国共产党章程》(以下简称《党章》)和《中国共产党发展党员工作细则》(以下简称《细则》)。发展党员工作必须严格按照《党章》和《细则》的规定,做到标准不降,程序规范,手续完备,切实保证新发展党员的质量。

2.1.2 严格遵循"十六"字方针

发展党员工作必须按照从严治党的要求,严格遵循"坚持标准、保证质量、改善结构、慎重发展"的方针,坚持有领导、有计划地进行,切实改善党员队伍结构,全面提高党员队伍的素质,增强党的战斗力。

2.1.3 严格执行"双过半"原则

各基层党组织在发展党员工作过程中,所作出的全部决议或决定必须坚持"双过半"原则,即"到会有表决权的正式党员,必须超过应到会正式党员的一半;赞成的人数或赞成票必须超过应到会有表决权的正式党员的半数"。

2.1.4 认真实施"五项制度"

发展党员工作必须认真落实推优制、公示制、预审制、票决制和责任追究制等五项基本制度,严把"入口"关,促进发展党员工作规范化、制度化。

2.2 校企联合培养学生党员制度

2.2.1 校企联合做好入党积极分子培养、推荐工作

在校期间学习、工作各方面表现突出,按照学校党委层层推荐原则,向公共管理与服务学院(以下简称"学院")第一党支部推荐,党总支审批确定为入党积极分子。进入联合企业实习时将培养情况以书面的形式通报给党组织,共同实施学习、考察、谈心、交流等培养流程。

在顶岗实习和毕业实习阶段学习工作表现突出,入党意愿强烈的学生,所在企业基层党组织及时将情况与学院第一党支部取得联系,共同指导帮助学生按申请入党要求和标准,进入相关培养程序。如果已经参加过学校中级党校学习和高级党校学习并参加考试成绩合格者,企业可加大对其考察和培养力度,作为优先吸收入党的依据。

2.2.2 校企联合做好发展对象衔接工作

对准备发展的学生党员,由于在校期间受时间、名额等限制未能发展的,学院第一党支部应将学生材料整理齐全后交付实习(顶岗)企业,企业做好衔接工作的同时,应继续考察。企业可以就该生情况进行深入调查,充分来校听取学校师生的评价意见,采取"一看、二查、三谈、四议、五定位"的工作步骤来开展认定工作。"一看"即是对发展对象材料逐份一一查看,检查材料是否齐全、完备,程序是否符合要求及证据是否有效力;"二查"即对发现的疑点、问题分清性质,逐项排查;"三谈"即对疑问较大,问题较多的则请当事人谈自己的发展经过,就有关问题予以说明;"四议"即对少数材料不齐、程序不到位的情况,在内部开展讨论,并直接与学校联系,要求以组织的名义出示证明;"五定位"是按照党章的规定和党员发展的细则要求,对有关学生分类别予以认定。

总之,校企双方提前做好学生实习结束留在企业工作成为员工后加入中国共产党组织的准备,及时为党储备好力量。

2.2.3 校企联合做好预备党员考察等工作

预备党员的预备期,从支部大会通过他为预备党员之日算起。党员的党龄,从预备期满转为正式党员之日算起。

每个党员,不论职务高低,都必须编入党的一个支部、小组或其他特定组织,参加党的组织生活,接受党内外群众的监督。

　　学生预备党员的考察期主要在企业,转正手续也主要在企业完成,为了确保党员质量,校企各级党组织应紧密联合,按预备党员考察标准,学校党组织保持跟踪维护,企业基层党组织按党员的标准严格要求,共同考察和给予关怀帮助,在正式转正时双方做出书面意见。

2.2.4　校企协同做好党员教育工作

　　校企双方均应加大对学生党员、入党积极分子、发展对象的教育、管理和培养,促使企业将校企合作模式下的学生党建工作变成企业自身党建工作的一部分。积极引导学生将党建活动与企业文化相结合,着力提高企业党建和学生党建活动的契合度。结合生产实践教学的特点,开展针对性的主题教育活动及社会实践活动,提高学生党员的党性修养及理论水平。更好地提升学生党员的职业素养以及社会责任感。督促学生党员、入党积极分子、发展对象应加大自身对党的理论知识的学习。

2.3　发展党员细则

　　校企双方参照上海城建职业学院发展党员流程图(见图1),做好学生在企业期间的发展工作。

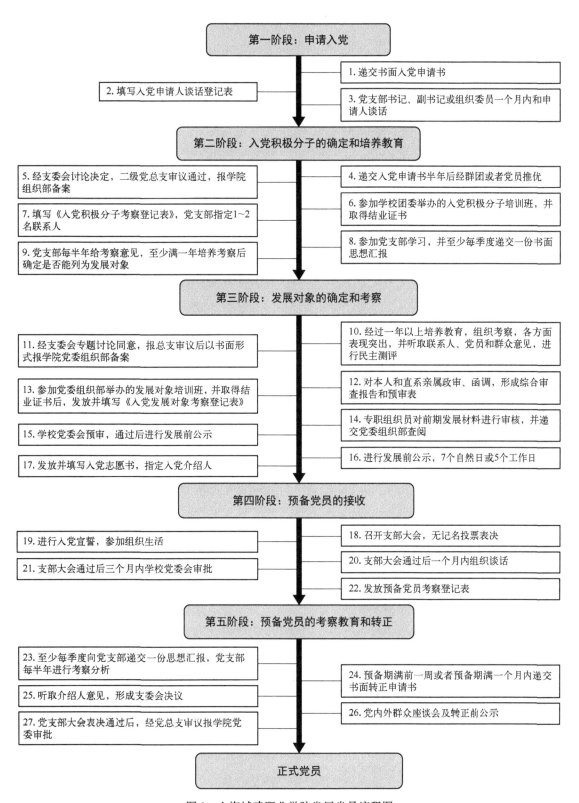

图 1　上海城建职业学院发展党员流程图

"综合素质培养"课程标准

（修订版）

上海城建职业学院

酒店管理专业　课程建设项目

酒店管理专业教研组　樊辛

2020 年 11 月

"综合素质培养"课程标准

课程代码：gt0056

课程名称：综合素质培养

适用专业：酒店管理专业

学时：60

学分：4

1 课程定位与设计思路

1.1 课程定位

《综合素质培养》是酒店管理专业的专业基础课,由校企合作、中高贯通联合开发,是一门以课程思政理念和方法为主导,集政治思想、专业思想教育,专业能力培养为一体的特色课程。其作用是为了更好地贯彻习近平总书记关于"要用好课堂教学这个主渠道,思想政治理论课要坚持在改进中加强,提升思想政治教育亲和力和针对性,满足学生成长发展需求和期待,其他各门课都要守好一段渠、种好责任田,使各类课程与思想政治理论课同向同行,形成协同效应"的教育思想,也为全面落实习总书记在 2018 年全国教育工作大会关于"要在坚定理想信念上下功夫,教育引导学生树立共产主义远大理想和中国特色社会主义共同理想,增强学生的中国特色社会主义道路自信、理论自信、制度自信、文化自信,立志肩负起民族复兴的时代重任。要在厚植爱国主义情怀上下功夫,让爱国主义精神在学生心中牢牢扎根,教育引导学生热爱和拥护中国共产党,立志听党话、跟党走,立志扎根人民、奉献国家。要在加强品德修养上下功夫,教育引导学生培育和践行社会主义核心价值观,踏踏实实修好品德,成为有大爱大德大情怀的人。要在增长知识见识上下功夫,教育引导学生珍惜学习时光,心无旁骛求知问学,增长见识,丰富学识,沿着求真理、悟道理、明事理的方向前进。要在培养奋斗精神上下功夫,教育引导学生树立高远志向,历练敢于担当、不懈奋斗的精神,具有勇于奋斗的精神状态、乐观向上的人生态度,做到刚健有为、自强不息。要在增强综合素质上下功夫,教育引导学生培养综合能力,培养创新思维。"等讲话精神,努力全面加强和改进学校美育,坚持以美育人、以文化人,提高学生审美和人文素养,为真正实现提升大学生综合素养目标,积极响应上海城建职业在全校开展的"厚人文、强专业、精技能、重实践、国际化"的人才培养工程和深入实施"强化爱国情怀、打开学生视野、提升学生气质,增强学生自信,培养学生能力"的育人工程而开设的特色课程。

该课程贯穿大学教育全过程,作为第一课堂主渠道,共在两个学期开设:第一和第四学期,共 60 学时。教学过程中,与《酒店礼仪》《形体与艺术》《会议组织与服务》《酒店服务技能》《饭店英语》等课程紧密融合。

1.2 课程设计思路

《综合素质培养》课程,将课堂教学和课后训练、专业学习和职业精神培养、校内师资和校友、企业资源紧密结合,创新设计"模块教学法",采用企业家、优秀学长和专任教师同入课堂、互动交流、研讨评议、人人参与训练和表演展示等多种形式实施教学,创新编写活页校本教材,将爱党爱国情感、企业职场情境和校园师生情愫深度融入,实现素质养成教育"全覆盖"。首先,构建课程体系设计。以提升学生政治修养、职业素养、文化涵养为主线,将"爱党爱国情怀、企业职场情境和校园师生情感"与之融合为一体贯穿整个教学过程,共设二个课堂、三大板块和七个模块,两个学期滚动实施的阶梯循环式教学路径。其次,拓展社会实践。贯穿培养方案 1~4 学期的全过程,每位学生按学号顺序组队参加以下各项集训和活动:国宾礼仪接待培训;海派文化观摩与实践;社会公益爱心活动实践;参加全国、上海市及校企联合举办各类职业技能比赛。第三,组建多元化优质教师团队。主讲教师由骨干教师、行业专家、企业领导以及历届优秀毕业生共同组成。第四,创新教学形式。专任教师、企业家或学长同时出现在一个课堂,以分析和畅谈、专题研讨、艺术训练、人人参与的舞台表演、综合能力现场展示等丰富多样的教学和实践形式来实施课程计划。第五,改革考核形式。以全方位检阅综合素质提升力为目标,采用舞台展示,专业技能比赛和互相评议等形式进行考核。评委由课程专兼职教师、特邀企业家、行业专家等组成。

1.3　课程思政教育

以"为党育人为国育才"宗旨,以"立德树人"为根本,充分体现:围绕政治素养核心,开发"交融式"教学内容;遵循素养形成规律,构建"进阶式"教学体系;发挥学生主体地位,设计"参与式"学习项目;坚持学习成果导向,探索"多主体"评价等教学改革目标。通过课程学习和历练,在饱含家国情怀的同时,扎实掌握未来酒店人所应具备知识能力要素,学习应对未来职场的各种任务和压力的思维方式和手段,学习与客人和同事交流沟通的方法,学习提高专业知识和英语水平的技巧,真正将学生培养成具有高素质、高能力、爱国爱党、爱岗敬业的新时代酒店行业优秀人才。

2　课程目标

2.1　知识目标

了解并掌握大学生的职业综合素质内涵及要素。

了解酒店业与国家经济发展和创"四大"品牌间的关系。

认识中外合资酒店的文化与管理特性。

了解酒店人的心态和状态各个要素。

理解提高沟通表达能力的技巧和方法。

理解欣赏美的方法。

2.2　能力目标

能应对国际品牌企业运营与管理的挑战。

能学会如何抓住在企业的发展机会。

能分析奢华酒店的逻辑与一流服务水平。

能思考、分析及解决问题。

能以恰当的方式表达观点及与人沟通。

能综合判断以及客观评价所遇到的事件。

能进行书面陈述和归纳总结。

能与团队相互协作。

能欣赏声乐艺术和表现声乐艺术。

能用中英文朗读与朗诵及表演。

能应对挫折并综合展示自己的能力。

2.3 素质目标

打破传统单一的课程体系,建立以强化社会道德责任及职业精神,提高人文艺术修养及精湛服务技能的素养目标,通过科学设计的"模块教学系统",努力提升学生的政治修养、文化涵养、职业素养,将爱党爱国情怀和社会责任感根植于他们的思想深处;努力为旅游酒店行业培养高端服务人才与一线管理人才,并为学生将来拓宽事业发展之路打下坚实基础。

2.4 思政目标

能通过理论学习体会遵纪守法的法治精神。

能通过学习个人综合素质的形成过程,体会社会和谐发展和文明进步的必要性。

能增强中国特色社会主义道路自信、理论自信、制度自信、文化自信;培育和践行社会主义核心价值观。

3 课程内容与要求

"综合素质培养"课程的内容与要求见表1所示。

表1 "综合素质培养"课程内容与要求

序号	典型工作任务	知识内容及要求	技能内容及要求	素质内容及要求	思政育人内容及要求	学时分配
1	政治修养与职业发展	认识个人成长与祖国发展的关系;了解正确的人生价值观的内容;认识社会责任与担当;了解文明道德修养的养成	学会信息搜索;提高文字表达能力;能进行良好的交流沟通	能够分析大学生职业综合素养的要素;研究并确立正确的人生价值观;研究团队合作与职业成长的关系;能够探索综合情商和"志商"提高与职业发展的关系与培养路径	让国歌、国旗和国徽与新时代每一位大学生的心灵交汇;了解党的发展历程,树立对党组织的向往、追求;将党的关怀、祖国的命运与个人的成长联系在一起;树立正确的人生价值观确立和社会责任担当	4课时
2	行业前景与职业选择	了解全球酒店业发展的机会;理解如何抓住每一次机会的方法	能独立分析问题及用所学理论应对时代的变化;能科学有效抓住机会并做出贡献;能够顺利地与优秀学长进行对话,具备良好的沟通能力和信息分析的能力	谦虚谨慎,善于学习优秀者的品质;能够具有分析意识和机会意识	酒店产业发展与国力展示,宣传弘扬党和国家在政治、经济、文化方面的贡献,领略党和国家对社会的引领作用;学习优秀学长的敬业精神和成长轨迹	8课时

（续表）

序号	典型工作任务	知识内容及要求	技能内容及要求	素质内容及要求	思政育人内容及要求	学时分配
3	酒店人的阳光心理与心态	了解酒店人的健康心理应具备的要素；了解酒店人的涵养与笑容；了解优秀学长的成长案例	能说出优秀的酒店故事；能够在具体情境下展现酒店人的健康心理和行为；能够在突发情况下展现正确的酒店人笑容	在今后的实践中注意保持健康的心态，提高工作效率；以优秀的案例为榜样，不断规范自身的行为	通过体会工作中的突发情况和意外，了解积极的心理和合作精神的重要性；通过树立榜样，激发积极进取的意识	12课时
4	职业精神培养与职场驾驭力	认识酒店职场与职业形象；了解酒店文化与职业精神；认识优质的企业与企业家	能够说出正确的职业形象的概念和特点；能够举例优秀的企业、企业家以及他们的品质，能够说出职业精神的含义	能追求正确的职业形象；具备对企业和企业家特点的分析能力；能追求正确的职业精神，做出正确的职业选择与职业行为	通过学习中华文化涵养与中华服务精髓，树立经世济民的爱国情怀	16课时
5	艺术涵养与职业平台	了解和掌握美学欣赏；了解和掌握恰当的妆容要点	能够欣赏音乐和舞蹈表演；能够在不同的情景需求下，化出合适的妆容	认识中华优秀的音乐和舞蹈等艺术形式；进行艺术实践，养成对美的欣赏与追求	通过音乐、歌曲激发对党和国家的热爱；爱美、爱生活，创造新生活，培养酒店人对美的执着	16课时
6	表达能力与职场自信	认识和理解朗读与朗诵的意义；认识和掌握朗诵的特点、原则和方法	能够用正确的情感和技巧朗读；能够用正确的情感和技巧朗诵	运用朗读和朗诵，增强情感表达能力	运用朗诵、朗读尽情抒发爱党与爱国情怀；提高诗歌创作能力，提高抒发对党的热爱、对祖国日益强大自信的表达效果	12课时
7	专业综合能力与职业拓展	认识与掌握综合沟通与表达能力的构成要素；认识并了解高标准面试的含义与要求	能够展示表达交流等专业综合技能；能够完成高标准的面试，具备冷静处理问题等综合能力	树立服务意识，培养灵活应变能力、分析问题及解决问题的能力	倡导中华民族吃苦耐劳的文化传统与新时代的工匠精神；通过世界技能大赛标准与酒店高水平、高规格服务的学习，鼓励学生对高标准的追求	8课时

（续表）

序号	典型工作任务	知识内容及要求	技能内容及要求	素质内容及要求	思政育人内容及要求	学时分配
8	社会实践与拓展	能够了解社会实践和培训的内容；能够了解不同社会实践的特点	能认真地参加社会实践，完成相应任务；能够提高动手能力和交际能力，并能不断反思自己的行为	树立服务他人的意识，培养灵活应变能力、分析问题及解决问题的能力	认识并勇于承担社会责任；体会爱心传递的满足感，在社会中奉献爱	4课时

4 实施建议

4.1 教学建议

该课程教学场地主要有：教室、专业实训室、形体艺术训练室、会议室、企业工作现场、教学楼内相关空间、校内外演出剧场等。

主要配套的教学仪器设备为：配套齐全的音响与电脑多媒体、360录播系统、仿真酒店各岗位模拟现场等。

校外实训基地及条件要求：高端酒店各工作现场及其他社会资源等。

网络资源建设：校企合作网站建设，网络课程资源开发。

4.2 教学方法

为提升和丰富课堂内涵，营造生动活泼的气氛，达到每位学生都能融入课堂中并真正得到锻炼和提高，课程创新设计由专任教师、企业家或学长同时出现在一个课堂，以丰富多样的教学和实践形式来实施计划。

针对具体的教学内容和教学过程需要，采用项目教学法、任务驱动法、讲授法、角色扮演法、案例教学法、情境教学法等实施教学。

教学形式和手段包括：分析和畅谈，围坐交流谈心，专题研讨，问卷互改，项目展示互评，英文面试现场体验与直播，技能比赛和评议，艺术训练和人人参与的舞台表演，综合能力现场展示等。

4.3 考核与评价

以全方位检阅综合素质提升力为目标，形成性过程考核为主要形式。如：专题讨论问答及互评，展示项目评议质量考核，课堂交流研讨质量总评，项目总结报告，舞台展示，个人成绩=团队综合表现分+个人风采贡献分，第二课堂综合执行力和表现，专业技能比赛和互相评议等。

评委由课程专兼职教师、特邀企业家、行业专家等组成，有些单项由学生互评完成。

4.4 课程资源开发与利用

本课程建设最大的资源是经十年努力集聚的产教融合校企合作资源，一批优质企业和企业家及优秀学长为本课程建设贡献了宝贵的经验和大量前沿丰富素材。在此基础上课程组不断探索、实践和积累及归纳、分析总结,又通过每年教学实践改革创新的过程加以提炼和完善形成了较为完整的课程体系和教案、校本讲义等资料,校本教材《综合素质培养》的第三版修编工作正在进行,完成后进入出版手续阶段。

信息化教学资源:多媒体课件、网络课程、多媒体素材、电子图书和专业网站的开发与利用正在筹备中。

"酒店管理概论"课程标准

上海城建职业学院

酒店管理专业　课程建设项目

酒店管理专业教研组　黄凯

2021 年 2 月

"酒店管理概论"课程标准

课程代码：1233

课程名称：酒店管理概论

适用专业：酒店管理

学时：32

学分：2

1 课程定位与设计思路

1.1 课程定位

"酒店管理概论"是三年制高职酒店管理专业的一门专业必修课。本课程系统地阐述了现代酒店经营服务和管理的基本理论、基本服务程序和现代酒店的基本设置形态以及未来酒店业的发展态势,是为后续主干课程及核心技能课程如"前厅服务与管理""客房服务与管理""餐饮服务与管理"等奠定理论和意识形态基础的。通过对本课程的学习,让学生基本掌握酒店的组织机构、管理模式和生产管理形态,对酒店各职业岗位所需的专业知识与技能有所了解,同时对酒店发展状况和态势有所掌握,为学生把自己打造为真正的"酒店人"奠定坚实的理论基础。

1.2 课程设计思路

加强校企合作,建立一系列高等级、富有成效的酒店专业实训实习基地,通过对酒店岗位职业行动领域工作过程的调研,并听取一线管理专家的意见建议,基于工作过程、以行动为导向、以作品为载体,重新整合、序化教学内容,使之模块化。从实际出发,从酒店业发展、经营、服务管理需要为基础,结合学生职业生涯持续发展的需要,合理安排各种专业知识基础知识和综合管理知识。

通过行动导向的教学模式,强调学生学习的主体性,教、学呼应,学、做结合,着重培养学生对酒店行业发展的框架思维能力,解决酒店经营、服务中的技术和技能问题,提前掌握专业主干课程和核心课程学习的方法能力和技巧,为未来的职业生涯做准备。课程内容划分为六个主题九个知识模块,将理论知识与职业行动在工作过程的具体情境结合起来,在教与做的过程中,培养学生酒店管理的服务意识,职业的道德,掌握酒店管理的服务质量监控体系和内务管理及服务的方法;实行行动导向的教学模式,贯彻"工学一体化"教学模式,强化1+X+Y人才职业素质培养,提高学生分析问题、解决实际问题和辩证的思维能力,促成学生终身教育素质的形成。该课程组织学生学习以项目教学为主要方式,通过主题—模块—项目—行动—实践—总结—提高—再学习主线索,通过相互协作、共同完成制定项目的研究,培养锻炼学生的参与意识、责任意识、协作意识和自信心。

在评价结构上,突出过程性评价,对学生阶段性学习成果及时进行评价,促进学生的自主学习和发展;在评价方式上,强调学生自我评价、相互评价和教师多维评价,提高学生学习的兴趣,同时培养学生责任感、团队精神和服务意识等良好品质。

1.3 课程思政教育

本课程在教授时,应当与我国酒店旅游业的发展与国家、国民经济水平的提升相结合,新中国成立后与改革开放以来,我国经济有了质的飞跃,特别是上海社会、经济、文化方面的全面发展在旅游酒店行业的体现,讲述"中国方案"树立"中国自信"的爱国主义教育,为学生进行国家发展历程知识的普及,让学生了解国家发展的相关内容,促进学生的专业教育和爱国主义教育的融合。同时,在专业课程教育内容确定时,应当与酒店管理专业实践现状动态结合,教学内容按照上海酒店企业实际需求而调整更新课程内容,充分发挥专业教师、学生、酒店业等各方面的积极性,丰富教学内容、健全人才培养模式等相关的教学活动。

"酒店管理概论"课程中所蕴含的富强、民主、文明、和谐、平等、爱国、诚信、友善等深层价值理念,是专业学习的有机组成部分,更是从业者职业道德的基础,对于实现全面小康和"中国梦"都具有积极意义。比如酒店行业的职业道德,爱岗敬业,遵纪守法;热情服务,宾客至上;诚实守信,公私分明;团结协作,顾全大局;一视同仁,不卑不亢等都和社会主义核心价值观有着高度重合的"思政"理念,结合酒店管理概论中的课程内容对"思政"理念总结提炼,是德育不可或缺的一环,不断在反思中改进,充分挖掘课程的育德功能,不断优化课程建设,达到育人目标。

课程思政的教学过程中,应提炼上海地区的旅游酒店行业历史发展脉络,上海是属于全国的国际性大都市,曾经是中外商人云集的国际商埠,结合国家的一带一路发展战略,以上海地区从古至今为中外商业文化交流服务的接待行业为点,以新中国成立以来上海地区接待业的发展历程为线,上海地区现代服务接待行业提供支持的其他行业的全面发展为面,提炼上海旅游酒店行业教育主题,融入课程思政元素,点线面贯穿于本课程的教学过程中。

2 课程目标

2.1 知识目标

能比较全面了解酒店的概念和内涵;了解酒店企业的特点,酒店企业的社会责任,掌握酒店的业务特点。

能认识社会和社会性的含义、酒店存在的社会意义和酒店社会性含义,从而理解酒店管理从酒店的社会性出发的必要性。

能了解酒店的社会作用和社会责任;了解酒店和社会各个方面的联系,处理好和各方面关系对于酒店发展的重要性。

能掌握酒店管理的一般理论,理解酒店管理的概念和内涵,全面掌握酒店管理的五大要素,对酒店管理有较为深入的认识。

能了解酒店管理者的一般工作职责,掌握酒店管理的纲要和酒店管理的框架,总体上把握酒店管理的脉络。

能认识酒店组织对酒店管理的重要作用,了解酒店组织原则、组织结构、组织形式,掌握旅游酒店的组织制度的基本内容,学习管理者的管理技巧。

能认识到服务质量是酒店生存和发展的基础,了解酒店服务质量的含义、内容、特点,学习制定酒店服务规程、进行酒店服务质量教育的内容,掌握服务质量管理的有效方法。

能了解酒店人力资源管理的概念和特点、目标与要求以及酒店人力资源管理的内容,认识人力资源是酒店中最基本、最重要、最宝贵的资源,理解人力资源的开发和利用是酒店经营管理的中心问题,掌握酒店人力资源管理的各种原则和方法。

能认识公共关系是现代酒店企业一项重要的经营管理活动,了解酒店公共关系的基本特点、基本活动领域,学习酒店企业 CIS 的基本概况,掌握酒店企业开展公关活动基本要点。

能认识酒店营销的基本内涵,了解酒店营销活动的概念、特点、营销对策,学习酒店营销基本组合策略,掌握最新的营销理念和营销技巧。

能了解酒店物资管理的重要性和物资管理的基本内容,掌握酒店物资管理的要点,认识酒店物资管理是酒店经营管理不可缺少的重要组成部分,理解加强物资管理是提高酒店经济效益的重要途径。

能了解设备故障理论、设备综合管理的基本理论,掌握酒店设备管理的方法,认识设备管理在酒店中的作用,理解设施设备对酒店的重要性。

2.2　能力目标

能够说明筹建酒店或者管理酒店所必须具备的条件,熟悉酒店的基本组织形态,掌握各部门的基本职责。

能掌握酒店的组织、控制、管理等基本原则和运作规律,了解酒店的发展历史和未来酒店业的发展态势,了解酒店与社会各个方面的联系,明了处理同各方面关系对于酒店发展的重要性,分析和判断某一社会联系的性质和对酒店的影响程度,并给出处理的方法。

能够运用酒店管理知识对当前酒店中发生的各种问题做出分析和判断,并能提出大致的解决方案,能够对某个酒店的决策提出自己的分析和判断。

能运用所学知识分析和判断某一酒店的管理状态,对酒店的运营进行全面的评估;能够提出某个具体酒店的管理方案。

能够运用组织管理的原理和方法,设计某一规模、某一档次酒店的组织结构。如果是筹建中的酒店,则能够为其设计和筹划酒店的组织管理的内容和方法。

能熟悉酒店服务质量管理体系,学会制度的订立和执行的程序,熟悉酒店有效的服务质量管理方法。

能掌握基本的酒店人力资源管理理论,学会如何使用酒店人力资源的各种工具。

能进行公共关系活动领域分析(收集信息、塑造形象、决策咨询)。

能运用酒店营销组合策略以及最新营销理念。

能精选酒店物资定额管理,并运用 ABC 分类管理法。

能够对酒店的设备管理进行系统的说明,能够站在工程部经理的位置上对酒店设备进行系统管理。

2.3　素质目标

能养成良好的酒店服务礼仪习惯。

具有服务精神和基层管理能力。

具备良好语言表达能力、沟通能力、协调能力,初识管理艺术。

能成为富有专业意识和创新精神的基层或中层应用型人才。

2.4　思政目标

能通过对比中外酒店业的发展历程来彰显国家的富强文明。

能通过酒店业的服务理念来强化并形成社会公民诚信友善的人际关系意识;能针对不同客源市场的个性服务来感受尽善尽美的匠心敬业精神。

能通过管理理论的思想形成过程体会社会和谐发展和文明进步的必要性。

能通过学习不同管理方法来窥探人际交往的诚信友善。

能通过酒店不同部门的分工协作体会团队合作精神。

能通过酒店计划方案的实施来体会目标实现的坚持不懈精神。

能通过酒店不同经营理念的对比分析来突出社会和谐发展的重要性。

能树立经世济民的爱国情怀。

能通过安全管理的学习体会遵纪守法的法治精神。

3　课程内容与要求

"酒店管理概论"课程的内容与要求见表1所示。

表1　"酒店管理概论"课程内容与要求

序号	典型工作任务	知识内容及要求	技能内容及要求	素质内容及要求	思政育人内容及要求	学时分配
1	酒店发展史与发展趋势调研	掌握酒店的概念和基本特征；了解中外酒店的发展史；掌握现代酒店的分类；了解熟悉酒店产品、酒店企业和酒店产业的内涵；了解酒店集团化的概念，集团化的方式，发展趋势；了解绿色酒店的概念，特点；掌握个性化服务的含义，个性化服务的基本做法；了解酒店与高科技之间的关系	说出酒店发展历程中的五个阶段；学会辩证地看待事物的发展和变化；能够利用互联网自主搜索酒店发展历程相关资料文献；能够举例说明现代酒店发展的趋势两个方向；能够举例说明酒店具有个性服务的原则、技术和技能；能够针对不同类型的酒店，完成分析其由于客源市场不同、酒店功能设施不同、同时对于员工素质的要求也不同的调研报告	作为酒店人的荣誉感和自豪感；逐渐具备管理意识；在真实工作场景中感受职业氛围，树立酒店人的工作热情和信心	对比中外酒店业的发展历程来彰显国家的富强文明；通过酒店业的服务理念来强化社会公民诚信友善的人际关系意识形成；针对不同客源市场的个性服务来说明尽善尽美的匠心敬业精神	4课时
2	管理理论的发展脉络与职能方法	了解科学管理理论、行为科学理论的代表人物、主要观点及其在酒店管理中的应用方法；掌握基本的酒店管理技巧；熟悉酒店管理工作程序	能独立分析问题的能力，及用所学理论来指导酒店基层管理实践；能够说出酒店管理的形式和框架体系能够辨别三种以上的酒店管理的基础理论；能够说出五种以上的酒店管理的科学方法	谦虚谨慎，善于学习管理者素质；能够具有尊重和关爱下属意识	通过管理理论的思想形成过程体会社会和谐发展和文明进步的必要性；通过学习不同管理方法来窥探人际交往的诚信友善	4课时

（续表）

序号	典型工作任务	知识内容及要求	技能内容及要求	素质内容及要求	思政育人内容及要求	学时分配
3	酒店组织计划管理	熟悉酒店组织机构设置的方法和模式；了解酒店组织机构设置的原则和要求；了解新型的组织机构图，如倒金字塔形、扁平型等；掌握酒店计划的内容、酒店计划指标体系和相关的组织制度	能够说出不同旅游酒店的基本功能所对应的实现部门；能够画出不同规模的酒店设计组织机构图；会写出科学制定部门及班组计划并制定目标实施方案并举例说明控制目标的实现方法；能够说出三种酒店计划指标的含义和计算方法	在今后的管理实践中注意机构精简，降低成本，提高工作效率；树立管理意识，培养计算、汇总能力和分析问题的能力	通过酒店不同部门的分工协作体会团队合作精神；通过酒店计划方案的实施来体会目标实现的坚持不懈精神	4课时
4	酒店经营理念与战略	理解 CI、CS、CL、ES 理念及其演变过程；重点掌握酒店经营战略的含义；了解酒店经营战略的内容与制定过程	能够说出"让客价值"理论；"消费者非常满意理论"和"内部营销"的原理；能够举例说明上述理论在酒店中的应用；能够说出酒店经营战略模式选择的三种方法；能够举证某酒店实施的竞争战略的类别及其方法	树立对酒店经营理念和意识；具备对酒店管理的综合分析能力；具备对酒店经营管理的竞争意识	通过酒店不同经营理念的对比分析来突出社会和谐发展的重要性；树立经世济民的爱国情怀	4课时
5	酒店营销管理	了解酒店市场营销的概念；掌握酒店市场营销管理的任务；对新的酒店营销理念和酒店营销进一步创新的应用	能够写出一份含有酒店市场营销分析的方法的策划方案；能够说出酒店服务营销的 7p 理论及三种市场营销组合策略	树立营销在酒店经营管理中的重要性；具备营销意识并进一步提高创新创业的商业意识	树立经世济民的爱国情怀	4课时
6	酒店服务质量管理	理解酒店服务质量和酒店服务质量管理的含义；熟悉酒店服务质量的管理原则和程序；掌握酒店服务质量的构成，酒店服务规程；熟悉酒店服务质量管理的主要方法，星级评定规范对服务的标准	运用所学知识能够对酒店服务质量进行分析；能够说出三种提高酒店服务质量的策略与方法	树立管理意识、服务意识、创新意识，培养分析问题及解决问题的能力	通过酒店服务质量的管理凸显量变引起质变的哲学理念；通过酒店服务质量的管理理解诚信服务的行业重要性	4课时

（续表）

序号	典型工作任务	知识内容及要求	技能内容及要求	素质内容及要求	思政育人内容及要求	学时分配
7	酒店人力资源管理	熟悉酒店人力资源管理的基本概念和主要内容；掌握酒店人力资源的开发与利用、考核及激励等实际工作原则、方法和技巧；理解人力资源计划的实施过程，酒店员工行为管理的方法与手段	能够说出人力资源管理的五大基础工具；能够应用人力资源管理的五大基础工具	树立管理意识、服务意识，培养灵活应变能力、分析问题及解决问题的能力	通过酒店人力资源的学习强化社会和谐的人际关系	4课时
8	酒店设备及安全管理	熟悉和掌握酒店设备管理的作用与特点；熟悉和掌握酒店设备的选择标准；掌握酒店安全管理的特点与基本原则；掌握酒店安全设施、客人安全管理、酒店消防管理	能够写出安全管理原则，能够说出应急处理问题的流程	树立管理意识、服务意识，培养灵活应变能力、分析问题及解决问题的能力	通过安全管理的学习，体会遵纪守法的法治精神	4课时

4　实施建议

4.1　教学建议

4.1.1　教学组织

通过现场参观、座谈会、交流互动、专题讲座、观看多媒体、项目作业等教学方式，初步认识酒店行业，理解专业、明晰未来，树立牢固的专业思想。

4.1.2　教学方法与手段

（1）讲授法。主要应用于学生学习基础知识的初级阶段，要为学生学习创设一个合适的情景氛围，增强学生的学习兴趣和意识。

（2）启发式教学法。在授课的过程中，教师避免采用灌输理论知识的方式，而是采用提问和分析的方式，循序渐进地诱导、启发、鼓励学生对问题和现象进行思考、讨论，再由教师总结、答疑，做到深入浅出、留有余地，给学生深入思考和进一步学习的空间，同时也提高了学生的学习主动性。传输国内外有关酒店经营管理的新理论、新思想，以及发展动态。开阔学生的眼界，激发其求知欲，使学生具备现代酒店管理的理念和意识。

（3）参与式教学法。改变传统的单纯依赖教师讲授的方法，让学生参与到教学过程中。学生可以就教师的讲授内容发表自己的见解，对问题和现象表达自己的看法。而通过小组讨论、专题汇报、小组辩论、情景模拟、课程作业等方式,学生可以变被动听课为主动学习,既有利于提高学生学习的积极性、主动性,也有利于学生分析问题、解决问题能力的培养和表达能力、团队合作能力的提高。针对某一具体酒店的经营管理,让学生动脑、动手收集资料、设计并制作成幻灯片,运用所学知识,进行介绍。使学生真正动脑、动手,增强实际操作能力。

(4)互动式教学法。教师提出问题或现象,启发学生的发散性思维,可以实现教学互动;而小组讨论、角色模拟的方式则可以起到学生之间相互启发的作用,进而又促进了教学。教学相长,扩展了教学的深度与广度。为了解学生对本课程的学习情况,针对酒店目前发展动态和敏感问题要求学生收集资料、启发学生进行思考,开展课堂讨论,培养学生分析问题和解决问题的能力。

(5)案例教学法。在讲解过程中结合案例,加深学生对基本理论的理解和认识。同时将案例分析作为对学生掌握理论知识和分析解决问题能力的检验,同时也能起到相互启发的效果。加深学生对酒店分类、酒店产品特征、管理基础理论及服务质量管理的认识和理解。

(6)操作示范法。通过教师现场示范、演示,提高学生对专业服务技能操作的掌握程度,同时也注重了教学内容的实用性。鼓励学生利用寒暑假去酒店顶岗实习,积累经验,提高学生理论联系实际的能力。

(7)其他教学手段。现场参观、座谈会、交流互动、专题讲座、观看多媒体等教学方式。

4.2 师资队伍建议

课程专任教师要具有本科以上旅游管理专业相关学历,在酒店实践时间不少于6个月,最好具有相关的酒店管理人员职业资格证书。企业兼职教师要具有专科以上学历,在酒店工作不少于3年,从事酒店管理工作不少于1年。专兼职教师比例为1:3。

4.3 考核评价建议

教学评价建议酒店管理概论组织与实施学习情境见表2~表4。

表2 "酒店管理概论"组织与实施课程评价表(1)

学习情境一	酒店常识和发展趋势知识考核			成绩比例(%)	60(15×4)
考核点及占项目分值比	建议考核方式	评 价 标 准			
		优(90~100)	良(80~89)	中(70~79)	合格(60~69)
1. 小组成员相互协作及对项目的贡献程度	小组自评	确定每个小组成员的贡献系数(0~1),贡献系数×小组项目得分=个人得分			
2. 项目成果(60%)	小组互评×0.4+教师评价×0.6	项目成果非常准确地符合任务要求,格式符合标准、内容完整,有鲜明特色	项目成果较准确地符合任务要求,格式符合标准、内容完整	项目成果符合任务要求,成果格式稍有瑕疵、内容欠完整	项目成果基本符合任务要求,内容欠完整、格式不太规范
3. 交流及表达能力(20%)	教师评价×0.6+小组互评×0.4	语言流畅、用语专业、思路清晰、声音洪亮、反应敏捷	能用专业语言正确较为流利地开展培训,声音洪亮	能用专业语言正确地开展培训	能用专业语言基本正确开展培训,无重大失误

(续表)

考核点及占项目分值比	建议考核方式	评 价 标 准			
		优(90~100)	良(80~89)	中(70~79)	合格(60~69)
4. 学习态度(10%)	教师评价	小组能积极、及时完成教师布置的任务,成员参与度高,任务完成质量高,并协助教师的教学	积极、及时完成教师布置的任务,成员能积极参与	能积极完成教师布置的任务,成员能积极参与	能积极完成教师布置的任务
5. 团队合作精神(10%)	教师评价	具有良好的团队合作精神,热心帮助小组其他成员	具有较好的团队合作精神,成员全部参与	具有团队合作精神,能与小组其他成员合作完成任务	能配合小组完成项目任务

表3 "酒店管理概论"组织与实施课程评价表(2)

学习情境二	酒店通用管理知识		成绩比例(%)		20(10×2)
考核点及占项目分值比	建议考核方式	评 价 标 准			
		优(90~100)	良(80~89)	中(70~79)	合格(60~69)
1. 小组成员相互协作及对项目的贡献程度	小组自评	确定每个小组成员的贡献系数(0~1),贡献系数×小组项目得分=个人得分			
2. 项目成果(60%)	小组互评×0.4+教师评价×0.6	项目成果非常准确地符合任务要求,格式符合标准、内容完整,有鲜明特色	项目成果较准确地符合任务要求,格式符合标准、内容完整	项目成果符合任务要求,格式稍有瑕疵、内容欠完整	项目成果基本符合任务要求,内容欠完整、报告格式不太规范
3. 交流及表达能力(20%)	教师评价×0.6+小组互评×0.4	能够运用流畅、专业的语言介绍成果,思路清晰、声音洪亮使人印象深刻	能用流畅、专业语言正确较为流利地开展培训,声音洪亮	能用流畅、专业语言正确地开展培训	能用专业语言基本正确开展培训,无重大失误
4. 学习态度(10%)	教师评价	小组能积极、及时完成教师布置的任务,成员参与度高,任务完成质量高,并协助教师的教学	积极、及时完成教师布置的任务,成员能积极参与	能积极完成教师布置的任务,成员能积极参与	能积极完成教师布置的任务
5. 团队合作精神(10%)	教师评价	具有良好的团队合作精神,热心帮助小组其他成员	具有较好的团队合作精神,成员全部参与	具有团队合作精神,能与小组其他成员合作完成任务	能配合小组完成项目任务

表 4　"酒店管理概论"组织与实施课程评价表（3）

学习情境三	相关技能知识考核			成绩比例(%)	20(10×2)
考核点	建议考核方式	评　价　标　准			
		优(90~100)	良(80~89)	中(70~79)	合格(60~69)
1. 组织小组	教师评价	组织井然有序，时间安排合理，现场布置恰当，效果非常理想	组织井然有序，时间安排合理，现场布置恰当	组织井然有序，时间安排合理	通过组织，基本完成了安全活动的任务
2. 安全演讲	评委评审	见附1：安全演讲评分表			
3. 安全辩论赛	评委评审	见附2：辩论赛评分标准			

4.4　教材选用和编写建议

4.4.1　教材

田彩云主编，《酒店管理概论》，机械工业出版社，2018 年。

4.4.2　参考教材

（1）郑向敏，郭建国，连宗明编著，《现代酒店管理》，上海三联出版社，2000 年。

（2）徐文苑主编，《现代酒店管理实务》，清华大学出版社，2010 年。

（3）马彦纯主编，《现代酒店概论》，高等教育出版社，2012 年。

4.4.3　其他参考资料

《国家星级酒店评定标准》，（原）国家旅游局制定，2010 修改版。

4.5　课程资源开发与利用建议

课程资源是决定课程目标是否有效达成的重要因素，课程资源应当具备开放性特点，适应于学生的自主学习、主动探究。

为适应基于工作过程的课程改革和行动导向教学模式的开展，必须大力开发与课程相关的教学设计、学习评价表、实训指导书、教学课件、教学视频等教学指导文件。

表 5　酒店安全知识辩论赛活动评分表

姓名		演讲题目			
序号	评分项目	权值	评　分　标　准		得分
1	演讲内容	40分	要求演讲内容紧扣主题，主题鲜明、深刻，格调积极向上，语言自然流畅，富有真情实感		
2	语言表达	20分	要求声音洪亮，口齿清晰，普通话标准，语速适当，表达流畅，激情昂扬。讲究演讲技巧，动作恰当		
3	形象风度	20分	要求衣着整洁，仪态端庄大方，举止自然、得体，体现朝气蓬勃的精神风貌；上下场致意，答谢		
4	是否脱稿按时完成	10分	脱稿演讲给5分，不脱稿该项0分；4至6分钟完成演讲给5分，超时或少时该项0分		

（续表）

序号	评分项目	权值	评 分 标 准	得分
5	综合印象	10分	由评委根据演讲选手的临场表现作出综合演讲素质的评价	
评委			总 分	

4.5.1　辩手评分标准

表6　辩论赛评分标准

辩　手	语言表达能力	辩论艺术技巧	个人形象气质	最 后 得 分
正方一辩				
反方一辩				
正方二辩				
反方二辩				
正方三辩				
反方三辩				
正方四辩				
反方四辩				

注：辩手评分标准(满分100分)：
(1) 辩手个人的语言表达能力(40分)；
(2) 辩手个人的辩论艺术、技巧(40分)；
(3) 辩手个人的形象、气质(20分)。

4.5.2　辩论赛整体评分标准

表7　整体评分标准

	整体配合	辩题中心	创新思维	最后得分
正方				
反方				

注：整体评分标准(满分100分)：
(1) 辩题中心明确，主旨突出(50分)；
(2) 论点有创意、论据充分(20分)；
(3) 整体配合(30分)；
(4) 最后得分：各辩手最后得分之和+整体评分的最后得分。

"酒店前厅与信息化管理"课程标准

上海城建职业学院
酒店管理专业　课程建设项目
酒店管理专业教研组　黄凯

2021 年 2 月

"酒店前厅与信息化管理"课程标准

课程代码：gt0136

课程名称：酒店前厅与信息化管理

适用专业：酒店管理专业

学时：64

学分：4

1 课程定位和设计思路

1.1 课程定位

"酒店信息化管理"是高职高专酒店管理专业的必修课程,是一门实践性很强的专业课程。该课程的前导课程有"宴会设计与策划""酒店人力资源管理实务""餐饮服务与管理""酒水知识与操作技能""酒店服务礼仪""前厅服务与管理""酒店产品营销""客房服务与管理"等课程,后续课程有"酒店管理顶岗实习"等,该课程与前厅服务员、餐厅服务员、客房服务员职业资格标准密切相关,是学生参加职业资格证书考试的必考内容。

1.2 课程设计思路

该课程的设计坚持以下几条:一是为专业培养目标服务,进一步增强学生的信息化意识,培养学生运用现代信息技术解决酒店信息管理实际问题的能力;二是对接职业标准,酒店信息管理技术是酒店管理专业职业标准中的重要内容,选择课程内容时参照职业标准的要求;三是注意学生可持续发展能力的培养,本课程不是简单地教会学生软件的操作,要培养学生具有运用现代信息技术的综合能力;四是教学过程设计要尽量与生产过程对接起来,充分运用现代教育技术,建立丰富的课程资源,为学生自主学习提供必要的条件。

课程设计的思路上一是在充分调研的基础上,根据酒店信息管理岗位对人员的知识、能力和素质的基本要求,同时兼顾不同档次的酒店对信息管理的需求不同,恰当确定课程目标;二是通过对四星级以上及涉外酒店的前厅、客房、餐饮岗位所需的软件操作管理要求等系统分析,并以工作任务为引领确定本课程的结构,以职业能力为基础确定本课程的内容;三是根据本课程实践性强的特点,在保证必要理论知识到位的前提下,增加实践教学环节,通过把本课程所要求掌握的基本技能按工作过程分解成 8 个项目或系列任务,创设工作情境,进行项目化教学;再通过大量模拟实训操练,使学生能学会酒店管理信息系统的操作和应用,清晰酒店各个岗位职责,熟悉相关的工作内容,明了未来的职业发展方向;四是在软件选型上,选择一种国内外主流软件为主,兼顾不同类型酒店的信息管理软件,课程教学以软件为载体,但不唯软件的使用,力图通过一至二种软件具体应用,突出工作任务与知识的联系,揭示酒店信息管理系统设计与使用的一般规律。

1.3 课程思政教育

学生就业素质能力的提升不仅仅体现在专业技能上,也体现在学生的职业道德和职业操守上。因此,酒店管理课程思政教育的目标是在提升专业技能的基础上引导学生形成正确的观念和意识,加强思想道德素质教育,塑造优秀的品格和人格。这就要求在酒店管理课程教学中要充分发掘教学内容的思政元素,改变传统的教育教学模式,把思政教育与课程教学进行有效衔接。具体来说,酒店管理课程可以从社会主义核心价值观教育、理想信念教育和文化自信等方面进行发掘和利用,实现思政教育在专业课程中的渗透。

第一,职业价值观与职业使命类元素。例如,酒店业相关价值和特点的元素(酒店业发展趋势、酒店业企业薪酬结构、酒店业职业生涯特点、本专业相关岗位价值);学习能力和专业能力相关元素（专业学习方法、技能技术、创新教育）；课程本身价值（课程本身的社会价值、学习与成才价值、课程学习要求等）；职业精神（课程内的团队训练、工匠精神和精益求精精神）。

第二，职业定位与职业生涯规划类元素。例如，行业发展与个人定位（企业及岗位发展相关资料、历年就业相关信息分析等）；企业核心价值观（服务行业核心价值观、品牌意识、员工价值与企业命运、诚信经营、优质服务）；企业资源（邀请企业专家参与专业介绍、校企师资共同讲授课程、企业参观、校企互动）；本专业发展趋势的元素（专业就业方向及努力技巧、岗位工作内容与特点、知识要求、技能要求、素质要求、工作乐趣、经验要求，职业生涯规划设计等）；职业成功与失败案例（成功人士的奋斗经验分享、师兄学姐的工作感悟、实习经验分享，反面例证）。

第三，心理健康与职业关怀教育类元素。例如，职业伦理（行业法规、企业制度、岗位责任、履职规则、行业人际关系）；认识自我的方法技巧（个人价值观念、个性特点、能力缺陷等）；职业心理健康和职业关怀（职业环境、诚实守信、公平竞争、认识和评价社会现象、职业感受和情绪、生活感受等）。

2　工作任务和课程目标

2.1　工作任务

根据酒店行业的实际需求，本课程设计了酒店管理信息系统软件识别、OPERA 档案建立、预定销售、前台接待、收银管理、房务管理、应收账款等七个典型工作任务。以工作情境和工作任务为依托实现课程目标。

2.2　知识目标

能掌握数据库的基本概念、酒店管理信息系统识别方法。
能掌握酒店信息管理系统的结构、功能与模块关系。
能掌握预订、入住、结账的基本流程与相关要求与方法。
能掌握销售管理、房态管理、夜间审查工作的意义与方法。
能了解信息系统常用接口系统及外接设备的使用方法。
能了解信息系统常用的维护方法。

2.3　能力目标

能识别酒店信息系统。
能够熟练地运用酒店信息系统为客人进行预订销售服务。
能够熟练地运用酒店信息系统为客人进行前台接待服务。
能够熟练地运用酒店信息系统为客人进行前台收银服务。
能够熟练地运用酒店信息系统为客人进行客房服务管理。
能够熟练地运用酒店信息系统为客人进行餐饮管理。
能够进行酒店信息系统的一般维护。
能够排除酒店信息系统的简单故障。

2.4 素质目标

具有较强的信息化和信息安全意识。
具备爱岗敬业、热情主动的工作态度。
养成遵守操作规程,认真负责、一丝不苟的工作作风。
具有团结协作、吃苦耐劳的工作品质。
具有精益求精、追求卓越的进取精神。

2.5 思政目标

能树立我国旅游酒店市场蓬勃发展的信心。
能抓住事物本质特征,把握内在规律。
具备旅游酒店可持续发展的意识。
具备严谨治学的科学态度。
具备系统科学的分类意识。
具备能透过现象抓住事物本质的哲学思维。
具备善于寻找和解决主要问题的意识。

3 课程内容与要求

"酒店前厅与信息化管理"课程的内容与要求见表 1 所示。

表 1 "酒店前厅与信息化管理"课程内容与要求

序号	典型工作任务	知识内容及要求	技能内容和要求	素质内容及要求	思政育人内容及要求	学时分配
1	酒店管理信息系统软件识别	酒店管理信息系统认知;酒店管理信息系统功能;国内外酒店主流酒店管理信息系统介绍	能够识别国内各酒店集团使用的酒店管理信息系统;能说出不同规模的酒店选择合适的酒店管理信息系统的依据	具有较强的信息化和信息安全意识;具备爱岗敬业、热情主动的工作态度	树立我国旅游酒店市场蓬勃发展的信心;抓住事物本质特征,把握内在规律;促进旅游酒店可持续发展的意识严谨治学的科学态度	8 课时
2	OPERA档案建立	知晓 6 种档案的构成;了解每周档案的结构及构成关系;理解档案与为散客提供优质服务、个性服务的关系	熟练掌握利用OPERA系统完成档案的创建、修改和合并操作;熟练掌握利用OPERA系统管理档案,对其进行编辑、修改、合并;熟练掌握利用OPERA系统档案为宾客提供优质服务	养成遵守操作规程,认真负责、一丝不苟的工作作风;具有团结协作、吃苦耐劳的工作品质;具有精益求精、追求卓越的进取精神	系统科学的分类意识;能透过现象抓住事物本质的哲学思维;善于寻找和解决主要问题的意识	8 课时

（续表）

序号	典型工作任务	知识内容及要求	技能内容和要求	素质内容及要求	思政育人内容及要求	学时分配
3	预订销售	掌握客人入住的基本流程；掌握空房、住客占用、预订占用、维修占用等占用状态的含义；各类会员、协议单位的权利与条件	能进行散客预订、团队预订、分房、预订确认、超时预订等操作；能进行预订分析；能进行各类会员管理、协议管理	具有较强的信息化和信息安全意识；具备爱岗敬业、热情主动的工作态度；养成遵守操作规程,认真负责、一丝不苟的工作作风；具有精益求精、追求卓越的进取精神	促进旅游酒店可持续发展的意识系统科学的分类意识；能透过现象抓住事物本质的哲学思维；善于寻找和解决主要问题的意识	12 课时
4	前台接待	掌握入住、换房、关联房、延住、访客查询、客人留言与叫醒酒店业务范围与流程	能用前台接待软件进行散客、团体办理快速入住登记；能为客人办理入住变更；能为客人提供留言、叫醒等服务	具有较强的信息化和信息安全意识；具备爱岗敬业、热情主动的工作态度；养成遵守操作规程,认真负责、一丝不苟的工作作风；具有精益求精、追求卓越的进取精神	促进旅游酒店可持续发展的意识系统科学的分类意识；能透过现象抓住事物本质的哲学思维；善于寻找和解决主要问题的意识	12 课时
5	收银管理	掌握结账、挂账的几种方法与流程；掌握有其他消费和没有其他消费结账、团体结账与散客结账的区别	能用管理软件进行快速结账、信用卡结账、退房结账等多种收银服务	具有较强的信息化和信息安全意识；具备爱岗敬业、热情主动的工作态度；养成遵守操作规程,认真负责、一丝不苟的工作作风；具有精益求精、追求卓越的进取精神	促进旅游酒店可持续发展的意识系统科学的分类意识；能透过现象抓住事物本质的哲学思维；善于寻找和解决主要问题的意识	16 课时
6	房务管理	掌握各类房态的含义；掌握客人遗留物品的处理程序	能进行查房、实时房态监控、洗衣服务管理、损耗管理等操作；能实时查处房态	具有较强的信息化和信息安全意识；具备爱岗敬业、热情主动的工作态度；养成遵守操作规程,认真负责、一丝不苟的工作作风；具有精益求精、追求卓越的进取精神	促进旅游酒店可持续发展的意识系统科学的分类意识；能透过现象抓住事物本质的哲学思维；善于寻找和解决主要问题的意识	4 课时
7	应收账款	掌握夜审与房态的关系、夜审与客人账目的关系；掌握日常审核的内容与流程；掌握各类报表的作用；掌握过房费、A/R账处理等概念意义	能进行日常审核；会打印报表及从报表中发现问题；能按要求开展夜审工作	具有较强的信息化和信息安全意识；具备爱岗敬业、热情主动的工作态度；养成遵守操作规程,认真负责、一丝不苟的工作作风；具有精益求精、追求卓越的进取精神	促进旅游酒店可持续发展的意识系统科学的分类意识；能透过现象抓住事物本质的哲学思维；善于寻找和解决主要问题的意识	4 课时

4　实施要求

4.1　教材选用

《酒店信息化管理》是一门操作应用性极强的课程,对计算机能力有较高的要求。

拟选用的实训实验指导书应充分体现任务引领、实践导向的课程设计思想。以工作项目为主线设计教材结构,结合职业资格鉴定标准的要求,将本课程涉及的职业活动,分解成若干典型的工作任务,按完成工作任务的需要组织教材内容。教材内容强调其实用性、应用性,重在提高软件操作的能力,为下一阶段的顶岗实习做好充分准备。同时,内容要充分体现酒店业的发展方向,贴近本专业的发展和实际需要。

根据教材编写理念,拟选用当今国内高星级酒店比较常用的酒店管理系统软件,进行仿真模拟训练。

4.2　教学建议

第一,创建校企两个学习环境。根据教学内容的不同,分别组织学生到校内实训室、校外实训基地学习和训练,感受真实的学习环境、完成真实的工作任务。也可以让学生直接去酒店进行志愿者服务或是组织参观;更能让学生体会工作流程和服务技巧。

第二,教学组织总体采取任务驱动、项目导向等教学模式,注重以任务引领型案例或项目诱发学生兴趣;对于项目任务的教学,主要采用案例分析、操作示范、学生模拟、自主学习等教学方法,加强对学生实际职业能力的培养。

4.3　教学评价

改革考核手段和方法,加强实践性教学环节的考核,过程考核和结果考核相结合。主要根据酒店信息系统知识的掌握(10%)、机房参与性和单元作业的完成(40%)、期末上机考试(50%)三部分构成。其中,平时考评分解成子项目进行,每个项目的考评累加,成为最终平时成绩。这样能有效激发学生参与度,并能督促学生认真准备任务。

4.4　课程资源的开发与利用

常用课程资源的开发和利用。

充分利用手头现有的教学资料,并通过网络课程,上传课件、教案、习题等供学生课后复习、自学,形成资料丰富的课外学习资料。

有步骤完成网络课程资源开发。充分利用教育部组织开发的专业教学资源库、电子书籍、电子期刊、数字图书馆、教育网站和电子论坛等信息资源,使教学媒体从单一媒体向多种媒体转变;使教学活动从信息的单向传递向双向交换转变;使学生从单独学习向合作学习转变。

充分利用本行业典型的生产企业的资源,加强产学合作,建立实习实训基地,满足学生参观、实践和实习的需要,并在合作中关注学生职业能力的发展和教学内容相吻合。

建立本专业开放实训室,使之具备现场教学、实操实训、职业技能证书考证的功能,实现教学与实训合一、教学与培训合一、教学与考证合一,满足学生综合职业能力培养的要求。

"酒店专业英语"课程标准

上海城建职业学院
酒店管理专业　课程建设项目
酒店管理专业教研组　陈军容

2020 年 12 月

"酒店专业英语"课程标准

课程代码：996713

课程名称：酒店专业英语

适用专业：酒店管理

学时：128

学分：8

1　课程定位与设计思路

1.1　课程定位

本课程是面向酒店管理专业开设的一门专业核心课程。该课程主要讲授如何运用酒店专业英语来操作完成酒店前厅部服务、客房部服务、餐饮服务以及处理酒店对客常见问题。本课程在酒店管理专业教学计划中安排在第三和第四学期,分别冠名以"酒店专业英语(一)"和"酒店专业英语(二)"。该课程是在酒店服务与管理基本理论和大学英语课程学习基础上开出的一门专业英语课程,其前置课程有"大学英语""酒店管理概论",同步开设的课程有"前厅服务与管理""客房服务与管理""餐饮服务与管理";后置课程为"顶岗实习""毕业实习",前后课程设置互为铺垫。该课程侧重培养学生酒店英语交际能力,实用性、针对性强,能够促进学生专业英语技能的提升和职业素养的养成。

1.2　设计思路

本课程在酒店管理专业课程体系中占有不可替代的重要作用,目的是培养学生听、说能力以及在酒店经营管理等相关业务中运用英语的能力,通过对酒店前厅服务、客房服务、餐饮服务、酒店对客常见问题处理等专业英语会话的学习,强化听说练习,提高学生的专业英语会话能力和跨文化交际意识,为学生今后在涉外酒店的实习工作和未来职业发展打好坚实的语言基础。

根据酒店典型工作任务,本课程第三学期开设的"酒店专业英语(一)"内容主要包含前厅服务和客房服务两大模块。第四学期开设的"酒店专业英语(二)"课程则涵盖客房洗衣及其他客房服务、餐饮部服务、酒店对客服务常见问题及处理三大模块。课程内容由涉及部门的主要岗位服务任务组成,以酒店英语专业知识技能为基础,将课程思政元素融会贯通其中,创设的学习情景,通过讨论、情景设置、任务驱动等教学活动,使学生边学边练,能够娴熟地使用英语与客人交流,完成相关服务操作,提高酒店英语交际能力。

此外,课程积极对接世界技能大赛酒店接待服务项目标准、世界技能大赛餐厅服务项目标准和上海市旅游行业饭店外语等级考试大纲,授课内容涵盖《世界技能大赛酒店接待服务项目技术标准》《世界技能大赛餐厅服务项目技术标准》《上海市旅游行业饭店外语等级考试饭店英语考试大纲》《饭店服务实用英语》中涉及的重要语言知识与技能点。

1.3　课程思政教育

本课程根据单元教学内容,全面渗透思想政治教育,将爱国情怀、诚实守信、爱岗敬业、责任担当等元素融于教学过程之中,培养学生社会主义核心价值观,并通过渗入中国优秀文化元素,帮助学生树立文化自信;以专业知识为载体,积极发挥外语学习中跨文化交流、比较文化等过程中的作用,提升学生的国际视野,提高其跨文化国际交流意识、人文情怀和思想素质。例如,在前厅服务章节,基于酒店接待与入住环节,使学生了解中西方接待礼仪差异以及数字、隐私等语言禁忌,培养跨文化鉴别能力;在礼宾服务中,贯穿酒店"金钥匙"的服务宗旨,提升国际视野,培育敬业精神;在信息问询、问讯处理中嵌入上海豫园、新天地、外滩等优秀旅游景点信息,讲好中国故事,诸如向外宾介绍上海豫园,是中国江南精致的私家园林的典范之一;展示外滩的今与昔,映射中国的海纳百川与砥砺奋进的伟大历程;在票务服务单元提及交通工具时,向外宾推荐中国高铁,它平稳、高速、舒适而且车内设施条件好,展现中国的工匠精神;在退房结账单元,融入扫码支付,并适当比较中西方支付方式,突出中国生活的便捷,以培育学生的家国情怀、坚定文化自信、提升跨文化交流意识。总之,教师在教学过程中,以立德树人为根本,坚持知识传授、技能培养与价值引领相结合,充分挖掘蕴含在酒店英语专业知识中的德育元素,运用可以培养学生职业素养、价值取向、社会责任的题材与内容,全面帮助学生厚植文化自信、提高跨文化交际意识和国际视野,使教学取得春风化雨、润物细无声的成效。

课程思政教育的目标主要利用知识的讲授与讨论、语言操练、情景对话等教学活动来实现。通过考查学生在酒店英语交际中运用恰当语言表达的熟练程度,在整个课程教学期间的学习态度和精神面貌以及所表现出的对专业课程的认可度和认知情况等来衡量课程思政教育的实施效果。

2　工作任务和课程目标

2.1　工作任务

工作任务通过项目化任务教学实施,以教材与酒店主要业务工作的实际需求来制定相应的项目模块,并把项目任务的工作分为多个子任务,学生运用规划好的顺序采用相应步骤来完成最终任务,达到教学目的。主要包括前厅部运作、话务员与电话服务、客房预订、接待和入住登记、礼宾服务、收款与退房、客房部运作、客房清洁服务、设施维护与维修等工作任务。技术标准主要参考《世界技能大赛酒店接待服务项目技术标准》和《上海市旅游行业饭店外语等级考试饭店英语考试大纲》。设备工具和材料可以依托校内实训室现有设备。

2.2　课程目标

2.2.1　知识目标

熟悉酒店前厅部运作和客房部运作知识及其主要岗位服务的工作程序。

熟悉酒店前厅服务、客房清洁服务以及客房设施维护与维修服务工作必备的专业英语词汇、专业用语及常用表达。

熟悉酒店餐饮、客房、对客服务常见问题及处理工作必备的英语专业词汇、专业用语及常用表达。

熟悉餐饮、客房相关工作程序进行涉外服务词汇和用语,以及常用表达。

2.2.2　能力目标

能运用英语描述酒店前厅部运作情况。

能运用英语描述客房部运作情况。

能运用英语描述餐饮部运作情况。

能用英语处理并完成客房预订、接待和入住登记、礼宾服务、收款与退房等服务。

能用英语接待处理客房清洁、送餐、洗衣、借用物品服务和设施维护与维修服务。

能用英语完成处理酒店前厅、客房和餐饮部对客服务常见问题。

2.2.3　素质目标

具有良好的酒店职业素养。

具备较强的协作意识。

具有较强的沟通能力。

具有灵活的应变能力和处理问题能力。

具备良好的顾客至上的服务精神。

2.2.4　思政育人目标

树立文化自信,具备爱国情怀。

具有一定的国际视野和跨文化交流意识和能力。

具备敬业、诚信、文明、友善等良好品质。

具有较强的责任感和积极向上的工作态度。

3　课程内容与要求

《酒店专业英语》课程的内容与要求见表1所示。

表1　"酒店专业英语"课程内容与要求

序号	典型工作任务	知识内容及要求	技能内容及要求	素质内容及要求	思政育人内容及要求	学时分配
1	前厅部运作	掌握前厅部的组织结构、主要职责和服务运作相关的专业词汇和用语	能描述并介绍前厅部的组织结构、主要职责和服务运作	认识全球知名酒店品牌,增强职业认同感;培养良好的服务意识	知晓酒店前厅部优秀员工应具备的品行,明确学习目标,培养积极向上的精神	2课时
2	话务员与电话服务	掌握话务员与电话服务相关的专业词汇和用语,及工作程序	能处理问讯与要求,留言和叫醒等服务项目	用声音打造优质服务,亲和力强;言语表达符合职业礼仪规范	得体使用酒店电话会话用语,提高跨文化交流意识;在处理问讯要求中,表现文明礼貌和友善,并适时融入中国优秀文化元素,树立文化自信	6课时
3	客房预订	掌握客房预订服务相关的专业词汇和用语,应接工作程序	能处理客房预订,客房增销,变更预订等服务项目	较强的沟通能力;工作认真、细致,讲究条理	讨论并知晓优秀预订员的品行,积极上进;培养文明、敬业、友善的品格	12课时
4	接待和入住登记	掌握接待和入住登记服务相关的专业词汇和用语,及工作程序	能处理常规入住登记,延迟入住与散客入住登记,贵宾入住登记等服务项目	了解中西方接待礼仪差异及西方人对隐私、数字等语言禁忌;灵活应变,具有较强的亲和力;具备礼貌的言语表达能力	前台外宾接待礼仪及用语得体规范,培养跨文化交际意识;设置各种入住情景,培养学生爱岗敬业、无畏困难,主动解决问题的能力	12课时

（续表）

序号	典型工作任务	知识内容及要求	技能内容及要求	素质内容及要求	思政育人内容及要求	学时分配
5	礼宾服务	掌握礼宾服务相关的专业词汇和用语,及礼宾服务工作程序	能处理信息问讯服务和行李服务,票务咨询和订票等服务项目	体贴、周到,注重细节;积极主动的服务意识	嵌入酒店金钥匙,提升国际视野,培养敬业精神;中国制造——高铁,弘扬工匠精神,家国情怀;文明、诚信、友善品质培养	8课时
6	收款与退房	掌握收款与退房相关的专业词汇和用语,及其工作程序	能处理退房,结账支付方式(现金或刷卡),外币兑换等服务项目	服务细心、周到,主动服务,随机应变,具有较强的数字敏感性	"扫码"支付的中国情结,中西方支付方式比较,提高跨文化交流意识,树立文化自信;培养敬业、友善、文明、诚信品质	8课时
7	客房部运作	掌握酒店客房部运作相关的专业词汇、用语和表达;熟悉客房部主要工作以及客房部运作相关知识	能运用英语介绍客房部的主要职责;向他人描述或谈论客房部的运作	工作认真、踏实;团结协作、责任心强	对应客房部工作职责,学生分组用英语谈论如何成为优秀的客房部员工,培养良好的品德	2课时
8	客房清洁服务	掌握客房服务相关的专业词汇和用语及工作程序	能掌握客房服务相关的专业词汇和用语及工作程序	工作认真,责任心强;加强对客沟通,规范客房服务礼仪	言行得体,使用委婉礼貌用语,培养跨文化交际意识;爱岗敬业,在平凡的岗位创造价值	4课时
9	设施维护与维修	掌握设施维护与维修服务相关的专业词汇和用语及工作程序	能掌握设施维护与维修服务相关的专业词汇和用语及工作程序	体贴、周到,服务意识强;具有合作意识;问题处理及时、主动	学生分组列举酒店服务设施,言语表达得体,提升跨文化交际意识,培养文明、友善的品格	6课时
10	洗衣服务	客房部收衣与送衣服务相关专业词汇、用语及工作程序	能用英语操作客房收衣、送衣服务项目;用英语介绍中国文化	较强的应变能力和服务意识	培养文明、诚信、友善素养;树立文化自信:中国丝绸文化	4课时
11	客房其他服务	客房外借物品、公共区域服务相关的专业词汇和用语及工作程序	能操作外借物品、谈论公共区域问题相关服务项目	工作细致、耐心,讲究条理	文明、友善、敬业;了解中西酒店设施的异同,提升国际视野和跨文化交际能力	4课时

（续表）

序号	典型工作任务	知识内容及要求	技能内容及要求	素质内容及要求	思政育人内容及要求	学时分配
12	餐饮部餐厅运作	餐饮部餐厅运作相关的专业词汇、用语，及工作程序	能操作并介绍餐饮部餐厅主要职责和服务工作	较强的沟通能力	认知餐饮礼仪和服务职责，提升国际视野，培养敬业精神	2课时
13	餐饮部预订与领位服务	餐饮部预订与领位服务的相关专业英语词汇和用语，及工作程序	能操作电话餐位预订，引领客人入座的服务项目	亲和力强，反应敏捷，语言表达能力较好	体现文明、友善、良好的职业礼仪规范	6课时
14	点餐与上菜	点餐与上菜服务相关的专业英语词汇和用语，及工作程序；了解世界技能大赛餐厅服务项目标准	能操作中餐和西餐点餐，上菜，点酒水与上酒服务项目	服务热情、周到，熟练掌握菜品知识及推荐技巧	中国饮食文化之中国四大传统菜系、菜肴，树立文化自信，培养家国情怀；文明、友善、敬业	16课时
15	酒吧服务	酒吧服务的相关专业英语词汇和用语，及工作程序	能操作推荐含酒精类鸡尾酒和不含酒精类鸡尾酒或软饮料的服务项目	熟练掌握酒水单内容，满足客人需求，顾客至上的服务精神	中国酒文化和茶文化，树立文化自信，了解中西方饮品文化差异，提高跨文化交际意识；文明、友善、敬业	8课时
16	收款结账	收款结账服务的相关专业英语词汇和用语，及工作程序	能操作餐饮费支付、结账，解决账单问题的服务项目	工作认真、踏实，正确处理常见问题	小费与否，提高跨文化交际意识；映射诚信、友善及良好的职业道德和礼仪	6课时
17	客房送餐服务	客房送餐服务的相关专业英语词汇和用语，及工作程序	能操作客房送餐预订和送餐进房的服务项目	注意细节，增强沟通能力	中西方早餐文化差异，提升国际视野，培养跨文化交际意识及文明、友善的品质	8课时
18	酒店对客服务常见问题及处理	前厅、餐饮、客房常见问题及处理的相关专业英语词汇和用语，以及工作程序	能用英语操作处理行李运送太慢、客房设施故障、餐饮食物饮品不好等酒店前台、客房和餐饮服务常见问题	灵活应变，问题处理恰当	文明、友善、责任意识等正确价值观培育	6课时

4 实施建议

4.1 教材选用

教材选用《饭店服务实用英语（第2版）》，上海旅游行业饭店职业能力认证系列教材编委会编,旅游教育出版社出版。

该教材为上海市旅游饭店行业教材,属于饭店职业能力认证系列教材,对应上海市旅游行业饭店外语等级考试,实用性和专业性强,充分体现任务引领课程设计思想,符合我院酒店管理专业英语人才培养要求。

4.2 教学建议

根据具体的教学内容和教学过程需要,采用讲授法、讨论法、角色扮演法、情境教学法等教学方法,立足于职业需要、实施情景设置、程序归纳、语言运用、角色扮演、检查评估、任务巩固,充分利用课堂,灵活渗透课程思想政治教育的内容。通过学生操练相关词汇和常用表达,演练酒店情景英语对话,让学生采用结对或小组合作形式进行角色扮演,练习酒店情景英语对话,促进师生互动,学生间互动,形成良好的学习氛围,将价值引领、知识传授和能力培养有机结合。同时,可利用线上平台等资源,实行线上线下混合式教学,进一步调动学生的积极性。

4.3 教学评价

在专业教学计划中,该课程列为考试课,所以考核方式建议采用期末口试和闭卷笔试的形式;课程成绩评定办法、内容、标准如下。

学期总评成绩=平时成绩(40%)+口试与期末笔试成绩(60%)

平时成绩=出勤与平时表现等(50%)+作业、测试(50%)

期末考试成绩=口试考核成绩(50%)+期末笔试考核成绩(50%)

作业包括平时书面作业与口头作业,以口头作业为主。平时表现包含学习态度、作业上交情况、课堂参与的情况,如讨论、发言、对话表演等活动的参与度。

期末考试为闭卷,分为口试与笔试,均渗透对课程思政内容的考核,其中,在口试考核里,对学生酒店英语礼仪规范的评价占10%,酒店英语内容表达的得体性占30%。另外,口试鉴于学生人数较多,为便于操作,由教师提前随堂进行;笔试以学生参加校内专业自主命题考试为本门课程的考核形式。

4.4 课程资源的开发与利用

4.4.1 参考书

(1)上海旅游行业饭店职业能力认证系列教材编委会编,《饭店服务实用英语(第2版)》,旅游教育出版社出版,2019年。

(2)《上海市旅游行业饭店外语等级考试——饭店英语考试大纲》,上海市旅游行业协会,2020年。

(3)姜文宏,李玉娟主编,《饭店服务英语(第2版)》,高等教育出版社出版,2008年。

(4)景韵主编,《酒店应用英语》,复旦大学出版社出版,2015年。

(5)李永生主编,《酒店英语会话(第3版)》,高等教育出版社出版,2015年。

(6)王艳,任虹主编,《酒店英语实训教程》,机械工业出版社出版,2012年。

4.4.2 学习资料资源

(1)《上海市旅游行业酒店外语等级考试英语考试大纲》。

（2）《饭店服务实用英语》辅导教材（前厅服务篇和客房服务篇）。

4.4.3　信息化教学资源

《饭店服务实用英语》MP3、微信公众号 Hotel English。

今后，依托本专业与高星级酒店合作的契机，本课程教学资料可以整合为酒店英语培训课程的基础资源。

4.5　其他说明

课程师资教学团队由专任教师和外聘兼职教师组成。主讲教师具有英语教学和酒店行业背景知识。本课程在多媒体教室授课，可以通过视频、图片和其他媒体辅助开展教学，结合课程思想政治教育内容，针对酒店工作情景开展听说对话的训练，实现讲解与操练相结合，让学生在模拟真实的环境中操练、学习并使用语言，提高职业素养。

本课程开设在第三、四学期，分《酒店专业英语（一）》《酒店专业英语（二）》两个阶段完成相关教学任务。其教学内容的确定基于章节单元学习的完整性及学时要求。另外，课程涉及部门的岗位工作程序，在其他相关专业课程中都有讲解，所以课堂教学中不做深入讲授。本课程侧重培养学生在酒店岗位工作中运用英语完成相关服务操作的能力。课程的设计主要基于任务驱动、情景教学模式。课堂上教师讲授与学生操练相结合，以锻炼学生分析问题，尝试解决问题，总结问题，最后真正达到解决问题的能力；教师适当引导，达到培养职业能力和素养为主的目的。

"客房服务与管理"课程标准

上海城建职业学院

酒店管理专业　课程建设项目

酒店管理专业教研组　刘滨

2021 年 3 月

"客房服务与管理"课程标准

课程代码：033029

课程名称：客房服务与管理

适用专业：酒店管理专业

学时：48

学分：3

1　课程定位与设计思路

1.1　课程定位

依据酒店业的发展现状以及专业人才今后的主要工作领域及工作任务来看,掌握客房产品设计、客房清洁保养、公共区域清洁与维护、客房对客服务、客房服务质量管理、客房督导管理、客房成本控制管理、客房经营预算、客房安全管理等方面的相关知识和基本技能是本专业人才应具备的核心能力之一,因此,"客房服务与管理"是酒店管理专业的专业核心课程。学生通过对课程理论的学习与技能操作,可以掌握客房专业服务、专业技能,同时培养学生团结协作、敬业爱岗和吃苦耐劳的优良职业品质,使其成为能够为服务对象提供良好服务的高素质应用型人才。

本课程的前置课程为一些专业基础课和平台课,为学生下一步技能操作提供指导,为其学习酒店管理的相关专业课打下良好基础。

1.2　设计思路

本课程采用"教、学、做"合一,"理实一体化"的教学模式。每个模块具体任务的实施步骤是：教师给定任务→引导学生分析任务→小组制定分析完成任务的计划(教师列举例案,引导学生思考)→确定实施步骤→任务实施(技能训练)→任务检查评价(讨论、总结;知识积累)。采取任务驱动教学法,突出学生的主体地位和教师的主导作用。突出学生主体,尊重个体差异。在目标设定、教学过程、课程评价和教学资源开发等方面都突出以学生为主体的思想,课程实施成为学生在教师的指导下构建知识、活跃思维、展现个性和拓宽视野的过程。加强对学生实际职业能力的培养,强化任务驱动教学法,注重以任务驱动诱发学生兴趣,使学生在完成任务的活动中掌握相关知识和技能。突出综合素质养成和课程思政教育。

1.3　课程思政教育

本专业的学生除了应该具备扎实的职业技能外,还需具备良好的素养,例如,较强团队协作意识,爱岗敬业、诚实守信的职业精神,而这些要求是课程思政教育的德育要素。让学生深刻领悟以服务为导向,以质量为核心,以人为本、见利思义、重义轻利、以义为先的酒店经营原则,以及让学生了解在酒店的客房管理与服务中践行以诚信为本,一诺千金,以提供人性化、优质客房服务对酒店行业健康发展的重要性,并在促进旅游业健康发展的基础上进一步提升国家形象和国家竞争力,从而为中华民族的伟大复兴做出应有的贡献。

2　工作任务和课程目标

2.1　工作任务

本课程以酒店客房部现场实践为工作情境,为了培养学生的综合素养,本课程在设计学习性工作任务时,会根据每部分任务所需专业知识,选取恰当视角,提炼出与其相关的德育元素,融入教学设计,使其系统化,常态化,成为专业人才能力培养中不可或缺的重要组成部分,让学生在完成学习工作任务的过程中,意识到德育元素的重要性并逐步树立良好的职业道德。同时,在考核标准中也会加入德育元素的考核,以此对学生进行规范和约束,提高职业竞争优势。学生需要按照标准完成了解客房部、客房部员工素质礼仪规范训练、一般客房产品方案设计、三类主题客房产品方案设计、客房及公共区域清洁保养技能训练、洗衣房服务与管理技能训练、客房对客服务技能训练、客房督导管理技能训练等工作任务。

2.2　课程目标

2.2.1　知识目标

了解客房部的主要任务;掌握客房部的组织结构和业务分工及主要职责;认识客房部的业务特点及员工的素质要求和礼仪规范。

了解一般客房产品的概念和构成以及装饰和布置的理念和原则。

了解主题酒店的内涵,"红色记忆主题客房""绿色环保主题客房""未来智慧主题客房"的设计原则和创建措施。

掌握客房清理准备工作的内容与要领;熟悉各类客房清洁的程序、标准和要领;掌握清洁服务与质量控制的方法。

了解公共区域卫生与管理的特点;掌握公共区域卫生与管理的内容;了解清洁剂与清洁工具的性能和使用方法。

了解洗衣房的工作任务、岗位职责以及基本的服务和管理技能。

熟悉客房接待服务的环节和项目内容;掌握客房服务质量的含义、构成、标准和质量控制方法;了解优质服务的内涵和要求和不同对客服务模式的特点和要求;明确接待服务的质量标准和控制方法。

了解客房安全管理的基本含义;熟悉客房安全管理设施的配备;掌握客房防火与防盗的工作概况;了解饭店潜在的安全事故;熟悉解决突发性事件的应急措施。

了解客房设施用品管理的目标;了解客房设施用品的规格和标准;了解客房设施用品的使用和保养常识。

了解客房用品的管理要求;了解客房用品的定额标准;掌握客房用品的日常管理方法。

了解客房人员编制的概念和依据;熟悉客房部人员编制的量化标准。

2.2.2　能力目标

能够准确把握客房部门分工、职责以及素质要求,并掌握其礼仪规范。

能够识别不同类型饭店客房设施的特点;能够正确介绍客房类型及客房设施的功能布局;能够初步掌握客房的布置和装饰服务项目的设计方法。

能够进行红色记忆主题客房、绿色环保主题客房、未来智慧主题客房的设计。

能熟悉掌握客房中、西式包床的程序、方法和动作要领,能在规定时间按标准完成一张中式或西式床。

能够按程序和标准独立完成进客房的清扫;能够掌握进房规范,达到自然熟练的操作标准;能够掌握公共区域主要项目的清洁维护和保养方法;掌握公共区域卫生质量控制的方法。

能够掌握洗衣房的基本服务技能和管理技能。

能掌握开夜床的方法;掌握 VIP 宾客的接待方法;掌握宾客入住阶段的主要服务项目。

能够熟练掌握各种房态和客房用品专业英语词汇,做到会听说写;具备接待服务能力及相应基层管理能力,学会处理好对客服务中的宾客投诉。

能掌握领班客房卫生检查的程序、要求与标准,学会查房操作。

能正确识别客房区域中的各种安全设备;正确识别客房监控设备的运行状况;掌握客房区域安全设备的正确使用方法;掌握处理各种突发事故的正确方法。

掌握客房人员编制的基本原则;准确执行劳动定额的计算方法。

2.2.3　素质目标

能养成优雅得体的良好待客习惯。

能进行方案策划及应对突发事件。

能养成踏实敬业、规范服务、乐于奉献职业道德素养。

能提升对多样化需求的认识力度。

能树立友好协作的团队意识以及坚持原则、遵章守纪的责任意识。

2.2.4　思政目标

能通过学习提高职业道德认知水平和能力。

能树立创新服务意识,理解人对美好生活的需要。

能树立职业道德意识,正确认识环境与行业发展、国家服务业长期发展与国家经济质量关系。

能树立正确的价值理念、平等无歧视的服务观念和规则意识。

能树立真善的观念,坚持人人平等、服务客户原则,确保安全生产和安全管理。

能认真学习和领会习近平关于安全生产的讲话精神。

3　课程内容与要求

《客房服务与管理》课程的内容与要求见表 1。

表 1　"客房服务与管理"课程内容与要求

序号	典型工作任务	知识内容及要求	技能内容及要求	素质内容及要求	思政育人内容及要求	学时分配
1	走进客房部	了解客房部主要任务;掌握客房部组织结构和分工及主要职责;认识客房部业务特点及员工的素质要求和礼仪规范	能够准确把握客房部分工及职责;能在客房部相关岗位上体现应有素质;能在客房部相关岗位上体现其礼仪规范	养成优雅得体的良好待客习惯;锻炼方案策划及应对突发事件的能力	养成踏实敬业、规范服务、乐于奉献职业意识与相关职业道德素养;树立美好环境、美丽中国意识,提高其职业道德认知水平和能力	8 课时

（续表）

序号	典型工作任务	知识内容及要求	技能内容及要求	素质内容及要求	思政育人内容及要求	学时分配
2	客房产品设计	了解客房产品的概念和构成及装饰和布置的理念和原则；了解主题酒店的内涵、红色记忆主题客房、绿色环保主题客房及未来智慧主题客房的设计原则和创建措施；能够初步掌握红色记忆主题客房、绿色环保主题客房及未来智慧主题客房的布置装饰及服务项目设计方法	能介绍识别不同类型饭店客房设施特点功能，并初步掌握客房的布置和装饰及服务项目的设计方法；能够布置装饰及设计红色记忆主题客房、绿色环保主题客房及未来智慧主题客房	养成优雅得体的良好待客习惯；锻炼方案策划及应对突发事件的能力	树立创新服务意识及促进人健康和发展，理解人对美好生活的需要；提升对多样化服务需求的认识力度	16课时
3	客房清洁卫生服务及管理	掌握客房及公共区域的清洁程序、标准和要领以及清洁服务与质量控制方法；了解洗衣房的工作任务、岗位职责及基本的服务和管理技能	能够按程序标准独立完成客房及公共区域整理清扫并进行质量监管；能够掌握洗衣房的基本服务技能和管理技能	养成优雅得体的良好待客习惯；锻炼方案策划以及应对突发事件的能力	树立友好协作的团队意识以及坚持原则、遵章守纪责任意识；树立职业道德意识，正确认识环境清洁整齐，环境与行业发展、国家服务业长期发展、国家经济质量关系	16课时
4	客房对客服务及督导管理	熟悉客房接待服务的环节和任务、内容、要求以及接待服务的质量标准和控制方法；了解客房设施用品管理标准方法及人员编制；掌握对客服务方法；掌握客房监管标准及劳动定额计算方法	能用英语应对交流；学会处理投诉；能对客提供服务；能监管客房及计算劳动定额	养成优雅得体的良好待客习惯；锻炼方案策划及应对突发事件的能力	树立正确的价值理念及以客户为中心、平等无歧视的服务观念和规则意识；树立真善美意识，坚持人人平等、服务客户原则，确保安全生产和安全管理。同时，认真学习和领会习近平关于安全生产的讲话精神	8课时

4　实施建议

4.1　教材选用

本课程选用的教材是高等职业教育十三五规划教材精品系列教材,雷明化,郭建华主编

《客房服务与管理(第 2 版)》,北京:中国人民大学出版社,2019 年。

4.2 教学建议

4.2.1 教学条件

本课程教学实施依托校内实训室,智慧教室,以及校企合作的酒店进行现场实践。此外,还有开发的网络平台数字化资源。

4.2.2 教学方法

1)以逐级递进的方式融入课程思政完成教学任务

在教学安排上,第一阶段教学任务:让学生从课堂模拟实训入手,进行模拟实训操作,随后进行点评,教师给出示范,同时,在启发学生进行模拟操作的同时,恰当地融入思政教育;第二阶段教学任务:让学生在校企合作酒店进行模拟情景现场试练。在这个过程中,让各小组成员关注任务单及评分表中融入课程思政任务,了解素质目标所占分值的比重及重要性;第三阶段教学任务:让学生在校企合作酒店,根据客人的真实情况进行现场实践,进一步增强学生综合运用所学知识解决实际问题的能力。让学生在客房服务与对客交流过程中,注意素养的体现。具体如图 1 所示。

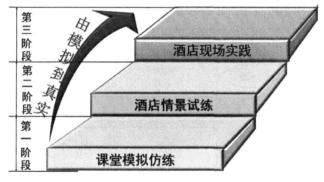

图 1 逐级递进的教学任务

2)在教学组织实施过程中关注思政育人点完成教学任务

本课程中共设计了 7 个教学步骤,用来完成每个子任务。具体为:通过课前的"探""测"步骤,养成学生自主学习的良好习惯,激发学生自我探究的精神,并引导学生查找、整合资料完成任务的方案策划;通过课中的"析""悟""仿"步骤,承上启下,让学生在直观感受、明晰原理的基础上,根据教师点评、示范、分析、总结,进行完成任务的方案设计和完善;通过课中的"试""调""践""结"等步骤,先在酒店客房进行现场试练,在此基础上进行现场实践,通过学生的自评、互评以及教师的分析、总结和示范,并适时融入思政育人,逐步实现从"实践到认知再到实践,逐级递进,能力逐步提升"的教学过程;通过课后的"拓""评"步骤,拓宽学生的视野,引发学生对各思政要点的深层次理解。通过这些教学步骤,逐步强化学生职业技能,规范学生服务意识,提升学生的综合素养。图 2 是任务"一般客房产品设施、日用品及服务项目设计"教学流程示意图。

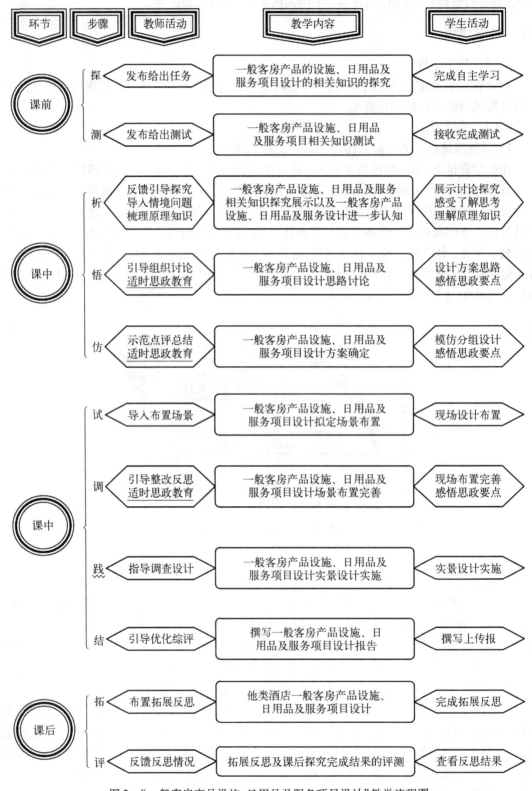

图2 "一般客房产品设施、日用品及服务项目设计"教学流程图

4.3 教学评价

本课程在教学计划中列为考试课,考核方式为过程性考核。教学评价思路如下。

4.3.1 关注评价的多元性

突出过程与模块评价,结合课堂展示、模拟实训、现场实践的考核与社会评价相结合方式,加强实践性教学环节考核,并注重平时采分,综合评价学生成绩。

4.3.2 改革传统学生评价手段和方法

采用阶段评价、现场实践任务评价、理论与实践一体化评价模式。采取线上和线下相结合测评方式,注重引导学生进行学习方式改变。学生可以扫码进行相关知识点测试,如图 3 所示。

图 3 "绿色环保主题客房的布置"测试题

4.3.3 突出过程与模块评价

结合课堂展示评估、现场操作、拓展反思作业等手段,加强实践性教学环节考核,并注重平时评定。在教学中分任务模块评分,课程结束时进行综合成绩评定。

本课程具体考核方式包括:平时表现考核所占比例为 20%,模拟实训任务考核所占比例为 20%,现场实践任务考核所占比例为 60%。本课程的现场实践任务考核共八次。第一次:酒店客房部体验报告(在现场实践任务考核中的比例占 5%),第二次:客房部员工素质礼仪规范视频(在场实践任务考核中的比例占 5%),第三次:一般客房产品设计方案(在场实践任务考核中的比例占 10%),第四次:主题客房产品设计方案(在场实践任务考核中的比例占 30%);第五次:客房及公共区域清洁保养视频(在场实践任务考核中的比例占 30%),第六次:洗衣房服务与管理视频(在场实践任务考核中的比例占 5%),第七次:客房对客服务视频(在场实践任务考核中的比例占 10%),第八次:客房督导管理视频(在场实践任务考核中比例占 5%)。

此外,每一部分考核都对融入课程思政的素养目标进行考核。表 2 是评估检查表及模块 2 综合成绩评定示例。

表 2　综合成绩评定表

小组划分	姓名	平时表现考核 20%			模拟实训任务考核（20%）												现场实践任务考核（60%）											
		出勤 50%	课堂表现 50%	总评	平时总评 40%												现场实践期末总评 60%											
					学习情境2												学习情境2											
					任务2-1			任务2-2							个人总评	小组总评	任务2-1			任务2-2							个人总评	小组总评
					2-1-1	2-1-2	个人总评 小组总评	2-2-1-1	2-2-2-1	2-2-2-2	2-2-3-1	2-2-3-2	个人总评 小组总评			2-1-1	2-1-2	个人总评 小组总评	2-2-1-1	2-2-2-1	2-2-2-2	2-2-3-1	2-2-3-2	个人总评 小组总评			
					个人 小组	个人 小组		个人 小组	个人 小组	个人 小组	个人 小组	个人 小组				个人 小组	个人 小组		个人 小组	个人 小组	个人 小组	个人 小组	个人 小组				
1																											
⋮																											

4.4 课程资源的开发与利用

4.4.1 利用现代信息技术

开发录像带、视听光盘等多媒体课件,通过搭建多维、动态、活跃、自主的课程训练平台,使学生的主动性、积极性和创造性得以充分调动。

4.4.2 搭建校企合作平台

充分利用本行业的企业资源,满足学生现场实践的需要,并在合作中关注学生职业能力的发展和教学内容的调整。

4.4.3 教学内容多元化

积极利用电子书籍、电子期刊、数字图书馆、各大网站等网络资源,以及开发的网络在线课程等资源,使教学内容从单一化向多元化转变,使学生知识和能力的拓展成为可能。

4.5 其他说明

本课程教学标准适用于高职酒店管理专业(3 年制)。

"会议组织与服务"课程标准

上海城建职业学院
酒店管理专业　课程建设项目
酒店管理专业教研组　王春春

2021 年 1 月

"会议组织与服务"课程标准

课程代码：996702

课程名称：会议组织与服务

适用专业：酒店管理

学时：32

学分：2

1　课程定位与设计思路

1.1　课程定位

"会议组织与服务"是酒店管理专业的专业课程,该课程体系与内容符合酒店管理专业人才培养目标以及此专业中相关技术领域职业岗位(群)的任职要求。课程教学包括理论教学和实践操作两部分,通过对本课程理论与实践教学的学习,能帮助学生掌握会议组织与服务的基础理论,使学生系统地掌握会议组织的设计,会议方案的撰写,熟悉会议流程,了解会议主要业务工作内容,激发学习兴趣和求知欲望,引导其他课程的开展,为学生将来从事酒店会议接待及相关行业管理奠定基础。

1.2　课程设计思路

本课程内容主要包括会议概述、会议业的主要国际组织、会议业发展趋势、人才培养以及会议通知书、会议记录和会议评价的撰写和会务的初级摆台等。

理论教学基本根据会议概论的知识要点展开。理论知识围绕会展概论、会展历史、会议组织与会务摆台四个部分中的知识点系统展开,深入浅出,逐一递进,使学生能很快对会议概论的理论体系有整体了解,也使学生对会议组织与服务的基本要领深刻理解,达到教学目的和要求。

实践操作是根据会议概论中的项目情境展开。全程运用了项目引导与项目训练法、角色扮演法以及仿真模拟法等实践教学手法。具体的实训内容有:"会议业的发展趋势""会议摆台练习""会议服务技能分项练习(托盘、斟酒、毛巾、送茶等)""会议文案编写练习""会议综合模拟(工作会议、研讨会、预备会、评审会、签字仪式)"等。

实施过程采取边教边学、边学边做,理论与实际相结合的教学形式,符合高职学生理论与能力培养的并重教学要求,充分体现职业性、实践性和开放性的教育目标。提高学生的技术技能,以期达到酒店专业的教学培养标准。

1.3　课程思政教育

"会议组织与服务"课程内容紧跟教学改革的政治方向,贯彻落实全国高校思想政治工作会议精神、全面落实教育部关于课程思政的教学要求,根据《上海高校课程思政教育教学体系建设专项计划》,进行"会议组织与服务"课程思政的建设,为了利用好课堂教学这个主渠道,在教学中重点突显综合素养和专业课程教学的育人导向,突出思想政治理论的核心地位,使知识传授与价值观教育同频共振,从而进一步提升"会议组织与服务"课程思政教学质量。一方面,围绕教学计划和教学方法,强化政治方向和思想引领,突显"会议组织与服务"课程的育人价值。另一方面,制订"会议组织与服务"的教学评价标准,编制"会议组织与服务"的课程思政教学指南,推动"会议组织与服务"课程思政的教改创新。此外,在"会议组织与服务"课程中引导学生学习的"四个正确认识"(正确认识世界和中国发展大势、中国特色和国际比较、时代责任和历史使命、远大抱负和脚踏实地),牢固树立"四个自信"(中国特色社会主义道路自信、理论自信、制度自信、文化自信),把提升"会议组织与服务"课程教学质量作为"课程思政"

的核心要点，以"会议组织与服务"课程思政建设为契机，全面提高"会议组织与服务"课程思政建设的质量和水平，以实际行动推动《会议组织与服务》课程思政迈上新台阶。

2　工作任务和课程目标

2.1　工作任务

本课程完成会议文案的设计与撰写及会务初级摆台的操作规范。在教学体系建构的基础上将社会主义核心价值观贯穿到"会议组织与服务"课程教学活动中。摆在教学第一位的是培养政治素养与国家意志高度统一的人，形成"会议组织与服务"课程的新格局，使自我成长与专业发展有机结合。

本课程的工作任务包括会议业发展史介绍、会议文案撰写、会议综合模拟和会务初级摆台。课程教学内容基本根据会议知识要点展开，并适时结合中国共产党的发展历程，按照党代会召开的时间顺序，依次简述党召开的各大会议，结合视频、PPT，告诉学生我们党的成长历程及今天幸福生活的来之不易，使学生对会议基本理论体系有整体了解的同时，也能深刻领会党的历史，并在潜移默化中培养学生爱党爱国，争做一名合格的社会主义接班人的愿望。此外，还可以采取案例教学的方法，并结合思政举办"客观分析现实，从容面对未来"研讨会，端正学生的就业观、人生观和价值观，使学生对会展概论的基本要领深刻理解，达到教学目的和要求。

2.2　课程目标

2.2.1　知识目标

能掌握会议组织与服务相关的知识。

熟悉会议组织与服务的实践操作技能及完成步骤。

能掌握会议服务的工作流程与服务规范。

2.2.2　能力目标

能从事与酒店服务联系密切的会议接待实务。

能完成会议策划、管理、服务等工作。

能按照要求和标准胜任会议管理工作。

2.2.3　素质目标

热爱祖国、热爱党，遵纪守法，具有良好思想素质、职业道德，有理想、有道德、有文化、有纪律，具有实事求是、勤于思考、勇于创新的精神。

具有较强的服务意识，工作中能吃苦耐劳、诚实守信，具备较强的文字表达能力、沟通能力和口语表达能力，具有团队合作意识、良好的人际沟通能力。

拥有健康的体魄、健康的心理素质和良好的心理承受能力。

2.2.4　思政目标

能通过学习会议发展史来提高民族自豪感。

能通过会议文案撰写培养科学精神和工匠精神。

能通过专业学习树立全心全意为人民服务的意识，提高服务业的影响力，正确认识服务业与国家经济的关系。

3 课程内容与要求

"会议组织与服务"课程的内容与要求见表1所示。

表1 "会议组织与服务"课程内容与要求

序号	典型工作任务	知识内容及要求	技能内容及要求	素质内容及要求	思政育人内容及要求	学时分配
1	会议业发展史介绍	能识别会议种类；能理解会议主题、议题、名称、我党会议的发展历史及意义	能用生动的语言介绍会议发展史及其意义和价值	了解会议的基本要素及我党历史上的重大会议对国家及个人的重要意义	进行思想引领，通过阐述我党会议的发展趋势，提高学生民族自豪感和认同感；经济与行业发展的关系，了解国家发展的各大成就，确立"四个意识"，树立"四个自信"，增强对党、社会主义和马克思主义的信仰	10课时
2	会议文案撰写	会议通知书的撰写规范；会议记录的撰写规范；会议纪要的撰写规范	能按照规范撰写会议通知书、会议记录、会议纪要	能理解会议文案撰写的意义和价值	培养科学精神和工匠精神；树立职业道德，强化理论和研究水平，提升思想政治水平	6课时
3	会议综合模拟	了解举行研讨会的准备工作及会议的程序	能制作会议通知书；能进行会议记录；能撰写会议纪要	能按照规范要求筹备及举办会议	挖掘研讨会的知识内容与其中蕴含的思政育人素材，使知识传授和价值引领有机统一；提升实践劳动能力，提高调查研究能力，正确认识理论和实践的关系，提高会议质量，认识会议研讨和模拟的意义	7课时
4	会务初级摆台	理解会务初级摆台的规范及要求	能进行仪表仪容、会议物品摆放、托盘等操作的训练	能按照酒店职业人的要求着装；能规范物品摆放动作，轻拿、轻放，摆放物品数量合乎要求；能正确使用托盘手势、姿势优美、托盘平稳，托送灵活，操作规范	发展专业能力和职业素质，培养具有一流职业素养和职业技能，具备社会主义核心价值观；树立全心全意为人民服务的意识，提高服务业的影响力，正确认识服务业与国家经济的关系	8课时

4　实施建议

4.1　教材选用

根据课程标准选用自编教材。自编教材是采取新型活页式、校企合作开发,充分体现定位清晰、任务引领、实践导向的教材。教材内容体现了先进性、通用性、实用性。活动设计要具体、可操作。

4.2　教学建议

针对课程理论与实践并重、实际操作优先的特点,采用了实地参观教学法、案例教学法、角色扮演法、仿真模拟法等教学方法来培养学生的口头表达能力、书面表达能力、创新能力、动手操作能力及合作交流能力等职业能力。

4.2.1　实地参观实习

组织学生前往会务实训基地全方位考察,如前往上海东郊宾馆、上海衡山宾馆、上海光大会展中心、上海国际会议中心等企业实地进行考察,此外,前往党的诞生地,党的一大会址进行爱国教育,感悟中国共产党由一个不到 60 人的"地下党"发展壮大成拥有 91 000 多万党员的世界最大执政党的伟大征程,在潜移默化中感受党百年征程的波澜壮阔,以及中国共产党人百年初心历史弥坚。

4.2.2　案例教学法

举办"客观分析现实,从容面对未来"研讨会,在案例学习项目引领下,进行代表发言,阐明各自的观点,然后对此进行讨论,最后由教师进行总结,将学生的观点进行归纳和点评,帮助学生提高分析问题、解决问题的能力,同时教育学生脚踏实地,培养学生正确的世界观、价值观和人生观,争做社会主义合格的接班人。

4.2.3　角色扮演法

在实践课程中,学生分别扮演会议召集人、会议主持人、会议策划人、会议服务员等角色,进一步掌握会议进程的各个环节以及会务接待与服务的相关技能。通过情境角色扮演熟练相关技能。

具体的实训环节有:"会议业的发展趋势""会议摆台""会议服务技能分项练习(托盘、斟酒、毛巾、送茶等)""会议文案编写""会议综合模拟(工作会议、研讨会、预备会、评审会、签字仪式)"等。实施边教边学、边学边做,理论与实际相结合的教学方式,符合高职学生理论够用,重在能力培养的教学要求,充分体现职业性、实践性和开放性的教育目标。为学生的应用型、技能型能力的提高,达到酒店专业的教学和培养标准打下扎实的基础。

4.2.4　仿真模拟法

在熟练掌握相关技能后,学生在校外实训基地进行仿真模拟,以职业化的标准,行业化的要求,从会议服务、会议接待到会议组织及会议策划等整个环节进行专业化训练。通过反复模拟训练,使学生在第三年进行相关企业专业实习时能更快地适应工作,达到企业工作要求。

符合高职学生理论够用,重在思政培养的教学要求,充分体现思政性、职业性、实践性和开放性的教育目标。为学生的正确价值观的确立、技能型能力的提高,以理论教学为主,实践教学为辅,强调思政理论文化知识与实践操作能力相结合,使其达到人才培养标准。培养学生既具有较高的思想政治素养,又具备口头表达能力、书面表达能力、创新能力、动手操作能力及合作交流能力等多种职业能力的发展。

4.3 教学评价

"会议组织与服务"课程采用形成性考核,突出阶段评价、目标评价、理论与实践一体化评价,关注评价的多元性。课程成绩评定方式取消了一考定终身的形式,采用过程性考核,考核成绩包括考勤(20%)、课上回答(10%)、课后练习(40%)、期末课程总结(30%)。结合授课内容共布置5次课后练习,要求学生独立完成,学生课后练习相似度50%以上,课后练习为零分,期末课程总结要求学生完成一篇800字左右的小论文,题目自拟,内容必须结合专业以及自身实习情况谈谈对课程的感受。

4.4 课程资源的开发与利用

有电子教案、试题、案例、实景照片、视频、多媒体课件等,教学资料齐全。通过会议模拟、实地参观、技能模拟实训等多种方式形成多元化、全方位的课程,进一步使"会议组织与服务"课程的实训效果充分显现。

4.5 其他说明

社会主义核心价值体系引领的"会议组织与服务"课程在人才培养目标中发挥了突出的作用,《会议组织与服务》助推学生职业综合素质培养的同时,在一定程度上也培养了学生对党和祖国的热爱与忠诚的思想,对社会责任担当的理念及劳模工匠精神,全面发展学生的专业能力、职业素质和社会责任感,使学生获得更高的职业竞争优势和可持续发展的能力。

"酒店服务技能(双语)"课程标准

上海城建职业学院
酒店管理专业　课程建设项目
酒店管理专业教研组　樊辛

2020 年 1 月

"酒店服务技能(双语)"课程标准

课程代码：ly0038

课程名称：酒店服务技能(双语)

适用专业：酒店管理

学时：66

学分：4

1 课程定位与设计思路

1.1 课程定位

本课程是酒店管理专业的核心课程,由校企合作开发并共同承担,是一门将理论与实践相融合,引入世界技能大赛标准部分模块系列,且部分模块采用双语教学的综合性运用性课程。

本课程的作用是通过介绍酒店业对国家政治、经济和文化发展贡献的事实,分析讨论世界卓越城市国际化发展中对新时代高端酒店业的人才需求,组织实施高端酒店部分模块的综合服务技能和运行流程的教学,同时提升学生的英语运用技巧,从而引导学生热爱祖国,热爱行业,扎实学习,刻苦训练,努力成为德智体美劳全面发展、具备工匠精神的优秀酒店人。

本课程的前导课程主要有：综合素质培养、酒店管理概论、餐饮服务与管理、前厅与信息化服务与管理、酒店英语、食品营养与卫生,后续课程主要是酒店综合实习和顶岗实习、毕业实习等。

1.2 课程设计思路

本课程共设计三个总述部分、7个实训项目(含综合项目)、1个研讨会,通过对新时代酒店业的国家战略定位、社会贡献、企业文化、市场潜力、基本构架、岗位类型、服务要求以及员工服务技能和综合素养等元素进行分析,学生进一步了解和掌握酒店业的新动态、新要求,世界技能大赛标准以及学会如何成长为优秀的现代酒店人。

以情景模拟等方式熟悉包括营销服务、餐饮服务、房务服务、行政后勤等内容的酒店经营与运营服务系统,以世界技能大赛为依托,融入中餐主题宴会服务、西餐主题宴会服务等大赛内容,以大赛标准为技能训练与考核依据。同时将职业素养与思政教育融入教育教学过程中。

1.3 课程思政教育

虽然本课程为酒店管理专业核心技术课程,但在整个教学体系中,思政元素始终贯穿：如我国政治、经济和文化的飞速发展与行业发展以及酒店业人才的要求和标准之间的关系,如何成为高素质、高技能的大国工匠等理念的灌输。课程教学内容中,坚持将提高学生思想品德水平、人文素养、认知能力以及培养学生的科学精神和工匠精神放在重要位置,并巧妙融入各个教学环节中,强化思想引领的作用,凸显课程的价值引导功能。在挖掘课程本身的知识内容和技能要点以及强化训练过程中,利用研讨会、劳模进课堂、优秀学长现身说法、任教老师阐述大量案例事实以及引入团队思考、研究、探索和集体完成服务项目等形式,组织学生在学习知识和掌握技能的同时,努力将其与实施价值引领有机统一起来。

2 课程目标

2.1 知识目标

了解新时代高端酒店业与国家地区政治经济文化建设发展间新时代高端酒店业对人才需求的新理念、新标准。

了解酒店业新动态运营体系下,成长为合格的优秀酒店人的心理和素养要求。

扎实掌握酒店组织机构和部门设置规律及岗位分布特点等内容。

深入了解和掌握酒店经营和运营服务系统与工作能力、职业发展间的关系。

理解世界技能大赛"餐厅服务"和"酒店接待"项目各个模块和技能标准。

2.2　能力目标

通过七个综合实训项目的团队联合研究、实施完成及小组互评等过程训练,学生能完成"做中学,学中做""体验式成长""中英文交替训练""信息化教学体系实践"等多元化的训练,能够熟练掌握餐巾折花、托盘服务、中西餐摆台等专项操作技能。

通过中西餐零点和宴会、酒会及前台接待等全过程服务(中英文)等基本技能系统的综合训练,全面提升学生的酒店服务和管理、团队合作等综合素养与能力,不断提升学生的工匠精神。

2.3　素养目标

热爱酒店管理行业,树立成为一名现代酒店行业高素质、高技能的服务人员和一线管理人才的志向。

具备善于创新和探索、不断精益求精的工作作风及团结合作的精神和方法。

2.4　思政目标

能针对不同客源市场的个性服务来感受尽善尽美的匠心敬业精神。

能通过酒店不同部门的分工协作体会团队合作精神。

能通过酒店计划方案的实施来体会目标实现的坚持不懈精神。

能树立经世济民的爱国情怀。

能通过安全管理的学习体会遵纪守法的法治精神。

3　课程内容与要求

"酒店服务技能(双语)"课程的内容与要求见表1所示。

表 1　"酒店服务技能(双语)"课程内容与要求

序号	典型工作任务	知识内容及要求	技能内容及要求	素质内容及要求	思政育人内容及要求	学时分配
1	酒店服务技能总论	认识并掌握对新时代酒店业的国家战略定位、社会贡献、企业文化和市场潜力;认识酒店基本构架、岗位类型及服务要求	能搜索和归纳已有酒店业知识;能进行书面表达;能思考与交流工作中的问题	具备爱岗敬业、热情主动的工作态度;具有精益求精、追求卓越的进取精神	拓宽视野,认识到丰富专业知识、职业技能与个人成长及社会责任担当间的关系;树立正确的人生价值观和自信、自强的人生态度	2课时

（续表）

序号	典型工作任务	知识内容及要求	技能内容及要求	素质内容及要求	思政育人内容及要求	学时分配
2	酒店组织机构和部门设置	掌握酒店组织机构和部门设置规律及岗位分布特点等内容；了解不同酒店内设部门的功能和职责	能说出员工在各个部门和岗位的工作任务；能够辨别不同部门的功能与职责	谦虚谨慎，善于学习管理者素质；具备爱岗敬业、热情主动的工作态度	国家政治、经济、文化等交流活动开展与各个不同类型酒店性质确定、组织机构和部门设计之间的关系；分析自己，科学有效抓住在酒店各个部门和岗位发展的机会，做出积极的贡献	2课时
3	酒店经营与运营服务系统	认识和了解房务服务与管理系统；了解营销服务与管理系统；了解餐饮服务与管理系统；认识和了解行政后勤管理与保障系统	能学习和运用知识解决问题；能思考与分析所遇到的问题；能进行口头与书面表达	养成遵守操作规程，认真负责、一丝不苟的工作作风；树立管理意识，培养计算、汇总能力和分析问题的能力	认识积极健康的心理与成就酒店营销业务的关系，并用积极健康的心理标准要求自己；认识房务服务在酒店运营与发展中的地位及成为房务管理人员的必备素养和能力	2课时
4	酒店服务综合技能及训练	掌握酒店管理专业核心知识；重点掌握世赛"餐厅服务"和"酒店接待"项目主要模块核心知识	扎实提升餐厅服务和酒店接待综合服务能力（操作技能和服务水平）；能用英语完成服务和接待等工作	具有团结协作、吃苦耐劳的工作品质；具备对酒店服务的综合分析能力	通过现场要求每位学生对世赛"餐厅服务"和"酒店接待"项目部分模块综合演示过程的历练，提高学生学习、判断、评价、分析等能力；全程中英双语或全英语阐述和展示过程，开拓学生国际视野，提高国际服务能力	12课时
5	中餐主题宴会服务策划	能明确主题和主办方；活动规格、规模，活动特色和特点、预期目标；认识和掌握接待力量、会场和台面设计及布置、用品名称和数量的要求；了解菜单设计和成本控制的方法	能查阅资料并进行调查研究；能探索与创新设计方案；能认真细致考察判断设计方案；能形成文字设计方案	从优质服务标准和模拟客人的满意度等方面，培养团队精神和客观分析评价服务质量的能力	强化对中华文明、中餐文化的了解和热爱，学习中餐主题宴会设计的要素，掌握设计技巧，培养艺术感染力；以国际标准接待要求训练宣传和运营中餐文化的基本服务能力，提高英语口语能力，展示良好的"中国酒店人"形象	4课时

（续表）

序号	典型工作任务	知识内容及要求	技能内容及要求	素质内容及要求	思政育人内容及要求	学时分配
6	西餐主题宴会或主题酒会服务方案(中英文双语)编制	了解流程设计和台面设计的步骤和注意事项；认识工作安排(任务分工)；了解预算编制的程序；了解用品申请和准备的程序	能用英文进行交流沟通；能进行财务、统计等运用；能操作中餐系统；能按标准完成西餐服务整个流程；能对已有方案进行评价	树立创新意识，培养分析问题及解决问题的能力	了解中西方餐饮文化并对比分析；以国际标准接待要求训练西餐服务的综合能力，提高英语能力，更好地"中国服务"；以世界技能大赛"酒店接待"项目技术标准，培养胜任"世界会客厅"服务的前台接待人员；强化训练，鼓励坚持与坚韧，学会合作与互助，努力成为中国酒店业支撑力量	4课时
7	前台接待服务	认识前台接待方案编制方法；了解现场接待流程和服务技术规程；认识基本的中英文前台接待要求	能按标准实践前台接待过程(中、英文)；能按标准服务技术规程完成现场接待工作(中、英文)	树立管理意识、服务意识，培养灵活应变能力、分析问题及解决问题的能力	从优质服务标准和模拟客人的满意度等方面，培养团队精神和客观分析评价服务质量的能力	8课时

4　实施建议

4.1　教学建议

校内实训能够提供至少4个西餐零点工位、6个西餐休闲工位、4个中餐宴会工位的实训室，中西餐全套餐具、杯具、口布、托盘、台布等；部分主题装饰艺术品模型等。教学上适当运用讲授法、讨论法、情景设置、任务驱动、角色扮演等方法，注意程序归纳、语言运用、对话演练、检查评估和任务巩固，注意思政元素和社会主义核心价值观及工匠精神、工匠能力提升在课程教学过程中的渗透。充分利用课堂时间，通过师生间互动和学生团队间的互动，让学生进行真实情景对话交流和工作过程体验，采用小组合作方式让学生分角色操练或演练情景对话，使之掌握相关语言知识与技能，养成良好的职业素养和中西文化学习对比等意识，更加热爱中华文化精髓、热爱酒店行业的国际化服务工作。

4.2　考核与评价

本课程采用过程性分模块考核。在每一实操模块教学及操练结束后立即进行本单元模块的实操考核。最后再融合前面所有实操模块进行综合实操考核。每一个模块都设置独立考核评分表，满分均为200分(两个学期)，各模块考核及综合考核占比如表2所示。

表 2   各模块考核占比

总分200分 一、总论 二、酒店组织机构和部门设置 三、酒店经营与运营服务系统 四、世界技能大赛知识概述和模块简介	实训1 实训2	实训3 实训4	实训5	实训6	实训7	平时综合成绩
模块占比 20%	40%	40%	35%	25%	15%	25%

4.3   教材选用

4.3.1   教材

（1）樊辛主编《酒店服务技能（双语）》校企合作联合自编校本讲义。

（2）世界技能大赛评分细则（餐厅服务和酒店接待）。

（3）中西餐主题宴会示范案例文本和自编教案。

4.3.2   参考书

（1）《跟我学饭店服务——餐厅服务》CD,旅游教育出版社和中国传媒大学电子音像出版社联合出版,2010 年。

（2）《宾馆餐厅规范服务》VCD,中国劳动社会保障出版社出版,2012 年。

（3）赵莹雪,等主编《餐饮服务与管理项目化教程》,清华大学出版社出版,2011 年。

（4）周静波主编《餐饮服务实务》,上海交通大学出版社出版,2010 年。

（5）姜文宏主编《餐厅服务技能综合实训》,高等教育出版社出版,2009 年。

（6）《国家职业资格培训教程——餐厅服务员》,中国劳动社会保障出版社出版,2006 年。

（7）罗伯特·克里斯蒂·米尔著,夏铁军译《美国餐厅管理——顾客、运营与员工》,湖南科学技术出版社出版,2004 年。

4.3.3   参考资料

（1）职业餐饮论坛.http://bbs.canyin168.com

（2）职业餐饮网.http://www.canyin168.com

（3）迈点网.http://www.meadin.com/

（4）世界技能大赛中国组委会官网.http://worldsskillschina.cn/

4.4   课程资源开发与利用

课程资源是决定课程目标是否有效达成的重要因素,课程资源应当具备开放性特点,适应于学生的自主学习、主动探究。

有步骤完成网络课程资源开发。充分利用教育部组织开发的专业教学资源库、电子书籍、电子期刊、数字图书馆、教育网站和电子论坛等信息资源,使教学媒体从单一媒体向多种媒体转变;使教学活动从信息的单向传递向双向交换转变;使学生从单独学习向合作学习转变。

充分利用本行业典型的生产企业的资源,加强产学合作,建立实习实训基地,满足学生参观、实践和实习的需要,并在合作中关注学生职业能力的发展和教学内容相吻合。

"酒店投诉处理（双语）"课程标准

上海城建职业学院
酒店管理专业　课程建设项目
酒店管理专业教研组　刘琪

2020 年 9 月

"酒店投诉处理（双语）"课程标准

课程代码：xx0288

课程名称：酒店投诉处理（双语）

适用专业：酒店管理

学时：32

学分：2

1 课程定位与设计思路

1.1 课程定位

本课程是面向酒店管理专业开设的一门专业选修课。作为"酒店专业英语"的拓展课程,《酒店投诉处理(双语)》公选课采取中英双语授课的形式,对前厅、客房、餐饮三个部门出现频率较高的投诉案例加以分析,总结处理规律及技巧,穿插外事礼仪、英美文化的讲解,对中英酒店用语加以对比,以期进一步提高学生酒店服务和管理的综合职业能力和专业素养。同时培养学生解决问题、人际沟通的能力,提高学生的亲和力。

本课程前置课程有"饭店管理概论""大学英语"等,是在酒店专业服务与管理的基本理论学习和大学基础英语课程学习的基础上开出的一门专业英语课程,实用性、实践性较强。

1.2 课程设计思路

本课程根据酒店常见投诉问题将课程内容划分为前厅部、客房部、餐饮部三大模块,通过讲授、案例分析、情景模拟等方法,培养学生能够娴熟地使用英语与客人进行口头及书面沟通,完成相关服务操作的能力。

课程所选案例出自上海市"星光计划"职业院校技能大赛酒店接待项目及各类技能大赛投诉环节题目。本课程突出项目式教学、案例式教学,着力从实际、实用、实践的角度出发,在情景模拟的角色扮演中让学生提升专业技能水平、英语水平、和思考问题、解决问题的能力。

为了能充分调动学生学习积极性,对学生沟通能力进行多元化考核,本课程在考核标准上融合了行业企业、职业技能大赛、"上海市旅游行业饭店外语等级考试"等职业资格证书对知识、技能和态度的要求,并采用过程性考核的方式,加重了平时考核的比例。期间,以立德树人为根本,坚持知识传授、技能操练与价值引领相结合,插入劳模事迹、外事礼仪等元素,重视人文精神的融入。

1.3 课程思政教育

为了能充分调动学生学习积极性,对学生沟通能力进行多元化考核,本课程在考核标准上融合了行业企业、职业技能大赛、"上海市旅游行业饭店外语等级考试"等职业资格证书对知识、技能和态度的要求,并采用过程性考核,加重了平时考核的比例。以立德树人为根本,坚持知识传授、技能操练与价值引领相结合,插入劳模事迹、外事礼仪等元素,重视人文精神的融入。

2 课程目标

2.1 知识目标

熟悉酒店前厅、客房部、餐饮部易产生投诉的环节。
掌握处理投诉所需的专业英语词汇、用语及常用表达方式。
掌握涉外酒店场景下的人际关系、倾听、语言沟通、非语言沟通的要点。

2.2　能力目标

能用英语灵活解决酒店主要投诉问题。

能解释人际关系的含义、特征，掌握语言沟通及非语言沟通的主要形式、作用及态度要求。

能实现人际间的高效沟通。

2.3　素质目标

具备良好的酒店职业素养。

具备得体的涉外行为规范。

具备一定的人际沟通能力和良好的沟通态度。

树立文化自信，提高跨文化交际意识。

具备自主学习意识。

2.4　思政目标

学习酒店业的服务理念，形成诚信友善的人际关系意识。

学习不同客源市场的个性服务，感受尽善尽美的匠心敬业精神。

学习不同处理方法，窥探人际交往的诚信友善。

学习酒店不同部门的分工协作，体会团队合作精神。

3　课程内容与要求

"酒店投诉处理（双语）"课程的内容与要求见表1所示。

表1　"酒店投诉处理（双语）"课程内容与要求

序号	典型工作任务	知识内容及要求	技能内容及要求	思政育人内容及要求	学时
1	前台常见问题及处理	了解问题处理的工作程序；掌握处理前台常见问题的相关专业词汇和用语，掌握人际沟通技巧	能操作与处理前台常见问题相关的服务项目；掌握有效倾听、有效发问、口语与书面沟通技巧；掌握空间距离、表情动作、语音语调在沟通中的运用及方法	当遇到难题时要学会通过合理的途径找到解决问题的思路与方法，增强分析和解决问题的能力	12课时
2	客房常见问题及处理	了解客房常见问题及处理相关的专业词汇和用语，及问题处理工作程序；了解"文化差异""社会角色差异""性格差异"对沟通效果的影响	能运用不同的技巧与不同客户对象进行沟通；能操作与处理客房常见问题相关的服务项目	学习我国客房服务员劳模的先进事迹和工匠精神；学生分组用英文提炼介绍。学习小组共同承担任务，每个人都有明确的角色与任务分配，培养学生的团队精神	8课时

（续表）

序号	典型工作任务	知识内容及要求	技能内容及要求	思政育人内容及要求	学时
3	餐饮部常见问题及处理	掌握餐饮部常见问题及处理相关的专业词汇和用语；认识并掌握餐饮问题处理工作程序	能操作与处理餐饮部常见问题相关的服务项目；能对客户状况进行分析，并灵活应用投诉处理的技巧进行相关操作	注意中西语言和中西文化的差异，重点学习具有中国特色饮食文化的词汇和表达的标准译文	8课时
4	英语综合运用	了解并掌握各个模块的英语口语重点	能用英语应对各个模块中的场景的应诉要求，逐步提升英语表达能力	通过学习和训练，强化国际交流的水平；融入"上海服务"和"中国服务"的理念和责任，为中国在服务全球方面储备更多的人才	4课时

4 实施建议

4.1 教学建议

本课程应由英语专业教师组成，教师具有娴熟的英语表达能力，良好的专业英语教学能力，有职业院校技能大赛酒店接待项目裁判经验及外事工作经验。

本课程应在多媒体教室授课，可以通过视频、图片和其他媒体展示酒店工作情景以及听说情景对话，边讲边练，讲解与操练相结合，学生在模拟的真实环境中操练、学习并使用语言。

教学上适当运用讲授法、讨论法、情景设置、任务驱动、角色扮演等方法，注意程序归纳、语言运用、对话演练、检查评估和任务巩固，注意思政元素和社会主义核心价值观在课程教学过程中的渗透。充分利用课堂时间，进行师生间的互动和学生间的互动，组织学生进行酒店英语情景对话，采用结对或小组合作方式，学生分角色操练或演练情景对话，掌握相关语言知识与技能，养成良好的职业素养和跨文化意识。

4.2 考核评价

在教学计划中该课程列为考查课，所以考核方式建议采用阶段性书面作业+口试的形式；课程成绩评定办法、内容、标准为：

$$学期总评成绩 = 平时成绩（60\%）+ 口试（40\%）$$

$$平时成绩 = 出勤与课堂表现等（40\%）+ 作业（60\%）$$

其中，课堂考勤10分。旷课1次扣1分，迟到早退3次算旷课1次，5次以上者取消考核成绩。课堂表现10分，积极回答问题每次加1分，加满为止。小组参与及完成20分。

书面作业3次，每次20分。

口试考核：口试中，对学生具备酒店职场礼仪规范的考查占权重10%，酒店英语表达的标准性和得体性占权重30%，处理投诉的工作程序规范占30%，英语语音语调标准占10%，传递正确价值观、体现文化自信和人文关怀占20%。口试在第十七周随堂进行。

4.3　教材选用

4.3.1　教材
校本活页实用讲义：刘琪主编,《酒店投诉与处理(双语)》。

4.3.2　参考书
(1)上海旅游行业饭店职业能力认证系列教材编委会编,《饭店服务实用英语》,旅游教育出版社出版。

(2)上海市旅游行业职业培训指导委员会编,《饭店服务实用英语辅导教材》。

(3)郭兆康主编,《饭店情景英语》,复旦大学出版社出版。

4.3.3　参考资料
(1)《上海市旅游行业酒店外语等级考试英语考试大纲》。

(2)上海市"星光计划"职业院校技能大赛酒店接待项目及各类技能大赛真题。

(3)信息化教学资源:《饭店服务实用英语》MP3,PPT。

4.4　课程资源开发与利用

课程资源是决定课程目标是否有效达成的重要因素,课程资源应当具备开放性特点,适应于学生的自主学习、主动探究。

为适应基于工作过程的课程改革和行动导向教学模式的开展,必须大力开发与课程相关的教学设计、学习评价表、实训指导书、教学课件、教学视频等教学指导文件。

5　其他说明

本课程侧重酒店英语听说读写技能在处理投诉环节的应用,并注意在课程教学过程中渗透思政教育,学生在思想素质提高的基础上,能娴熟地掌握语言知识与技能,达到事半功倍的效果。课程的设计主要利用任务驱动,情景创设,角色扮演的模式教学。课堂上教师讲授与学生操练相结合,以锻炼学生分析问题和解决问题的能力;期间教师适当引导,达到提高学生跨文化交际意识,培养其职业能力和素养的目的。

"食品营养与卫生"课程标准

上海城建职业学院
酒店管理专业　课程建设项目
酒店管理专业教研组　高鑫

2021 年 1 月

"食品营养与卫生"课程标准

课程代码：ly0031

课程名称：食品营养与卫生

适用专业：酒店管理

学时：32

学分：2

1 课程定位和设计思路

1.1 课程定位

"食品营养与卫生"为酒店管理专业的专业课程,该课程体系与内容符合酒店管理专业人才培养目标和这些专业中相关技术领域职业岗位(群)的任职要求。课程教学包括理论教学和实践教学两部分。

"食品营养与卫生"课程是研究食物、营养与人体健康关系的一门学科,它包括食品营养学基础、食物营养特点、各类人群的合理营养与膳食,食物中的各种有害因素检验监督等方面内容。"食品营养与卫生学"课程的教学实训围绕营养学和食品卫生学两部分理论学习内容,重点突出掌握食物中营养素、有害物质的评价方法及酒店餐饮的制作方法;国家食物营养与安全管理政策的理解与认识等方面知识和能力锻炼,以巩固和加深学生对理论知识的理解,培养学生严谨的科学作风和分析问题、解决问题的能力。为将来从事酒店管理、教学、科研打下一定的基础。本课程的前导课程是酒店管理概论,后续课程是餐饮服务管理、顶岗实习。

1.2 课程设计思路

本课程主要包括营养学的发展史、营养素与健康、各类食物的营养、不同人群的营养、平衡膳食、营养与疾病、食品安全等。实施边教边学、边学边做,理论与实际相结合的教学方式,符合高职学生理论够用,重在能力培养的教学要求,充分体现职业性、实践性和开放性的教育目标。在教学过程中融入职业思想政治教育内容,将思政内容分散于各模块中,为学生的应用型、技能型能力的提高,达到酒店管理专业的教学和职业培养标准打下扎实的基础。

1.3 课程思政教育

学生就业素质能力的提升不仅仅体现在专业技能上,也体现在学生的职业道德和职业操守上。因此,酒店管理课程思政教育的目标是在提升专业技能的基础上引导学生形成正确的观念和意识,加强思想道德素质教育,塑造优秀的品格和人格。这就要求在酒店管理课程教学中要充分发掘教学内容的思政元素,改变传统的教育教学模式,把思政教育与课程教学进行有效衔接。具体来说,酒店管理课程可以从社会主义核心价值观教育、理想信念教育和文化自信等方面进行发掘和利用,实现思政教育在专业课程中的渗透。

2 课程目标

2.1 知识目标

掌握食物中营养素、有害物质的评价方法。

了解食品污染和预防措施。

了解掌握国家食物与营养、食品卫生方面的重要相关政策的主要内容及最新动向。

了解食育的基本内容和理念,知道国宾接待的基本礼仪和素养。

2.2 能力目标

对食物中营养素、有害物质的进行评价。

熟悉简单的西点餐饮制作(巧克力、咖啡等)。

灵活运用国家食物营养与安全管理政策。

2.3 素质目标

具备热爱祖国、热爱党,遵纪守法,具有良好思想素质、职业道德,有理想、有道德、有文化、有纪律,具有实事求是、勤于思考、勇于创新的精神。

具有较强的服务意识,工作中能吃苦耐劳和诚实守信,具备较强的文字表达能力、沟通能力和口语表达能力,具有团队合作意识、良好的人际沟通能力。

拥有健康的体魄、健康的心理素质和良好的心理承受能力。

2.4 思政目标

形成对食品的尊重,对食品安全的敬畏。

形成对食品安全事件的正确认识,对舆论的正确判断。

拥有对祖国的热爱,对国宾的尊重和接待自信。

拥有严谨的态度,不卑不亢的精神。

3 课程内容与要求

"食品营养与卫生"课程的内容与要求见表1所示。

表1 "食品营养与卫生"课程内容与要求

序号	典型工作任务	知识内容及要求	技能内容及要求	素质内容及要求	思政育人内容及要求	学时分配
1	营养学与食品安全	理解营养学的发展简史;理解中国食品卫生面临的主要问题;理解合理营养对人体健康的重要性	能识别食品污染并实施预防措施;能把握食物与营养、食品卫生方面的重要相关政策的主要内容及最新动向	树立正确的食品安全价值观和对营养膳食的追求;正确对待新闻、舆论等的判断,不过激	遵纪守法及具备职业道德;认同相关法律法规	2课时
2	营养素与营养	了解七大营养素的生理机能;了解七大营养素的食物来源;脂类对人体健康的重要性	能运用膳食纤维的重要生理功能;能运用人体消耗能量的正确途径	对食品的内在了解,透过食品看到营养元素本质	通过营养知识及技能的培养具备爱岗敬业的精神	10课时

（续表）

序号	典型工作任务	知识内容及要求	技能内容及要求	素质内容及要求	思政育人内容及要求	学时分配
3	食物的营养价值	了解食品营养价值评定及意义；掌握谷类的营养成分、大豆的营养价值、蔬菜水果的营养成分、畜肉、禽肉及鱼类、奶、蛋的营养价值	能合理利用食品营养进行合理配餐等工作；能在生活中选择健康食品	对食品的内在了解，透过食品看到营养元素本质	通过项目锻炼获取信息、发现问题、分析问题和解决问题的能力，培养科学精神	2课时
4	酒店营养配餐	掌握膳食指南的要素；掌握各个时期人群不同的营养特点；了解膳食营养素参考摄入量参数	能为不同人群进行营养配餐	对营养要素的合理运用；能够在配餐中熟练应用所学营养知识，理念清晰	通过为不同人群配餐，培养学生人际沟通、团队协作	4课时
5	食品危害分析	了解餐饮加工过程中各类危害；学会危害分析的基本方法	能对真实餐饮加工流程进行危害分析	有较高的食品安全意识，有较真的精神，能够毫不掩饰地指出问题、分析问题	以食品安全问题为切入点，引入真实案例，培养食品安全意识，并对食品安全风险进行专业化评估	4课时
6	食品污染与食源性疾病	了解各类食物的污染物及污染源；了解添加剂、新技术及微生物给食品带来的污染	能找出不同食品中的各类污染及污染源			4课时
7	食品安全与食品生产加工过程的安全管理	了解食品餐饮加工过程；了解食品加工中的常用控制方法	能对酒店等餐饮企业进行加工过程控制	具备现场观察的敏感度，敏锐发现周围不符合规范的内容	运用所学知识对食品餐饮加工过程进行评价及控制，培养公德心、诚信意识等	4课时
8	课程总结与测试	理解膳食调查的基本方法和评价；熟悉各类食品的营养成分；食物中营养素、有害物质的评价方法	能运用膳食调查的基本方法和评价完成工作；能对食物中的营养素、有害物质做出正确的评价	能够独立完成演说，总结归纳自己的想法和论点，有团队合作精神，配合小组成员共同完成任务	通过自主完成任务，培养分析问题和解决问题的能力，培养学生科学精神	2课时

4　实施建议

4.1　教材选用

高职高专规划教材。

4.2　教学建议

我校已经建成较好的网络教学硬件环境，包括校园网络中心和图书馆的信息服务系统，系部网络资源建设已经初具规模,学生可以通过校园局域网站查阅相关食品方面的知识。本课程有电子教案、试题库、案例库、实景照片等基础教学资料;具备满足预习或复习需要的网络教学资源;有供学生实习实训的生产性实习实训基地;并且通过第二课堂、讲座、技能兴趣活动等多种方式进一步使"食品营养与卫生"课程的教学效果充分显现。

本课程努力打造一支教学水平高、交流沟通能力强、结构合理的"双师"型专兼结合的教学团队,培养和发展一批为上海酒店企业服务的高素质管理人才,在基于工作过程的课程开发上、在教学资源建设上、信息化手段使用上力争建成具有院校特色的课程。

针对本课程理论与实践并重、实际操作技能优先的特点,采用了启发式教学法、项目分析与引领法等教学手段,来培养学生的口头表达能力、书面表达能力、创新能力、动手操作能力及合作交流能力等职业能力。通过实地实践、模拟接待演练,来培养学生的自信、观察力和现场应变能力、总结归纳能力。

为使学生掌握营养学基础、各类食品营养价值、特殊人群营养、酒店餐饮营养及食品污染、食品卫生及其监督管理的基本理论和基本知识,教学过程中要加强科学思维方法与基本技能训练,培养学生具有分析和解决营养与食品卫生问题的能力以及食品卫生监督管理的能力,为今后独立工作奠定坚实的基础。

4.3　教学评价

"食品营养与卫生"课程须进行考查或考核,对学生的评价要采取多元评价的形式。考查或考核要结合学生平时成绩和表现,结合理论知识考核和专业技能考核。理论知识考核可采用笔试、口试、实训操作等方法。最终成绩的组成=平时成绩(60%)+期末论文成绩(40%),其中平时成绩=出勤(10%)+平时测验(40%)+思政考核(10%),注重平时学习的考核和评价。

4.4　课程资源的开发与利用

结合课程,逐步开发学习资料资源,自编校本教材实训指导书和学生学习参考书,逐步健全信息化教学资源,如多媒体课件、多媒体素材等。

酒店管理技能大赛技术标准

上海城建职业学院
上海市东湖(集团)有限公司
上海市衡山(集团)有限公司

2019 年 6 月

为全面提升上海酒店集团员工的职业综合素养和服务能力,真正符合上海作为世界卓越城市、世界旅游城市和世界会客厅对五星级酒店员工的整体要求,经上海城建职业学院校企合作产教融合(酒店管理专业)团队研究策划,针对上海高星级酒店主要服务项目,拟定了首批四个赛项比赛方案和相应评比标准。

1　赛　项

1.1　中餐主题宴会服务

通过本赛项训练和比赛,全面提高员工对中餐主题宴会的文化内涵的理解和展示,对提供优质服务的认识和自信。

1.1.1　比赛内容

(1)主题设计和台面装饰及介绍。

(2)餐巾折花和宴会摆台(8～10人位)。

(3)宴会服务(迎宾、入座和酒水等服务)。

1.1.2　比赛要求

(1)选手在20分钟内完成台面主题装饰物布置、餐巾折花和餐具合理精准摆放,达到迎宾效果。

(2)选手迎客和安排入座过程中应热情大方细致周到,并热情向宾客简单介绍台面主题构思和意境。

(3)酒水服务符合宾客关系处理和热情优雅精准。

1.1.3　分值安排

比赛项目内容与分值占比见表1。

表1　比赛项目内容与分值占比

序号	项 目 内 容	完 成 要 求	分值占比(%)
1	主题设计和台面装饰及介绍	突出主题内涵,立体感强,色彩和谐明快,介绍过程流畅、表达准确	25
2	餐巾折花	餐巾准备无任何折痕;餐巾折花花型不限,但须突出主位花型,整体挺括、和谐,符合台面设计主题	10
3	宴会摆台(8～10人位)	摆放过程遵照快捷、优雅、安全和卫生等原则	40
4	宴会服务(迎宾、入座和酒水等服务)	迎客和安排入座过程中应热情大方细致周到,酒水服务符合宾客关系处理和热情优雅精准	20
5	礼仪、妆容和服饰	符合高星级酒店中餐宴会服务标准	5
合计			100

中餐宴会摆台比赛评分标准见表2。

表2　比赛评分标准

参赛人姓名				
项　目	操作程序及标准	分值	扣分	得分
台布(5分)	可采用抖铺式、推拉式或撒网式铺设,要求一次完成,两次扣0.5分,三次及以上不得分	3		
	台布定位准确,十字居中,凸缝朝向主副主人位,下垂均等,台面平整	2		
桌裙或装饰布(5分)	桌裙长短合适,围折平整或装饰布平整,四角下垂均等(装饰布平铺在台布下面)	5		
餐桌定位(5分)	从主宾位开始拉椅定位,座位中心与餐碟中心对齐,餐椅之间距离均等餐椅座面边缘距台布下垂部分1.5厘米	5		
餐碟定位(10分)	一次性定位、碟间距离均等,餐碟标志对正,相对餐碟与餐桌中心点三点一线	6		
	距桌沿约1.5厘米	2		
	拿碟手法正确(手拿餐碟边缘部分)、卫生	2		
味碟、汤碗、汤勺(5分)	味碟位于餐碟正上方,相距1厘米	2		
	汤碗摆放在味碟左侧1厘米处,与味碟在一条直线上,汤勺放置于汤碗中,勺把朝左,与餐碟平行	3		
筷架、筷子、长柄勺子、牙签(15分)	筷架摆在餐碟右边,与味碟在一条直线上	4		
	筷子、长柄勺搁摆在筷架上,长柄勺距餐碟3厘米,筷尾距餐桌沿1.5厘米	5		
	筷子正面朝上	3		
	牙签位于长柄勺和筷子之间,牙签套正面朝上,底部与长柄勺齐平	3		
葡萄酒杯、白酒杯、水杯(15分)	葡萄酒杯在味碟正上方2厘米	3		
	白酒杯摆在葡萄酒杯的右侧,水杯位于葡萄酒杯左侧,杯肚间隔1厘米,三杯成斜直线,向右与水平线呈30度角。如果折的是杯花,水杯待餐巾花折好后一起摆上桌	12		
	摆杯手法正确(手拿杯柄或中下部)、卫生	3		
餐巾折花(8分)	花型突出主位,符合主题、整体协调	2		
	折叠手法正确、卫生、一次性成形美观大方	6		
共用餐具(4分)	公用餐具摆放在正副主人的正上方	2		
	按先筷后勺顺序将筷、勺搁在公用筷架上(设两套)公用筷架与正副主人位水杯对间距1厘米,筷子末端及勺柄向右	2		

（续表）

项　目	操作程序及标准	分值	扣分	得分
菜单、花瓶（花篮或者其他装饰物）和桌牌号（4分）	花瓶（花篮或其他装饰物）摆在台面正中,造型精美、符合主题要求	1		
	菜单摆放在筷子架右侧,位置一致（两个菜单则分别摆放在正副主人的筷子架右侧）	2		
	桌号牌摆放在花瓶（花篮或其他装饰物）正前方、面对副主人位	1		
托盘（4分）	用左手胸前托法将托盘托起,托盘位置高于选手腰部	4		
综合印象（20分）	台面设计主题明确,布置符合主题要求	10		
	餐具颜色、规格协调统一,便于使用	2		
	整体美观、具有强烈艺术美感	4		
	操作过程中动作规范、娴熟、敏捷、声轻,姿态优美,能体现岗位气质	4		
合　计		100		

操作时间:　　分　　秒	超时:　　秒	扣分:　　分
物品落地、物品碰倒、物品遗漏　　　　件		扣分:　　分
实际得分:		
评委签名:		

1.2　西餐服务（休闲简餐）

通过本赛项训练和比赛,全面提高员工对西餐文化内涵的理解,对提供国际化优质服务的认识,提高英语在西餐服务中运用的能力。

1.2.1　比赛内容
（1）西餐餐具准备。
（2）餐巾折花和餐桌摆台。
（3）西餐服务（迎宾、入座、点餐和上主菜、酒水服务及送客）。

1.2.2　比赛要求
（1）选手在5分钟内完成所有餐前准备工作。
（2）餐巾折花符合西餐文化内涵和服务实用性。
（3）餐巾折花和餐桌摆台科学合理卫生,6分钟内完成。
（4）选手运用英语完成迎客和安排入座及整个服务过程,应保持热情大方细致周到。

1.2.3　分值安排
比赛项目内容与分值占比见表3。

表3　比赛项目内容与分值占比

序号	项目内容	完成要求	分值占比(%)
1	西餐餐前准备	快速、准确、安全、卫生	10
2	餐巾折花	餐巾准备无任何折痕;餐巾折花花型不限,但须突出西餐文化特色,整体挺括、和谐,符合台面设计主题	10
3	餐桌摆台	摆放过程遵照快捷、准确、优雅、安全和卫生等原则	15
4	西餐服务(迎宾、入座、上菜和斟酒等服务)	迎客和安排入座过程中应热情大方细致周到,斟酒服务符合宾客关系处理和热情优雅精准,全程英语完成	50
5	礼仪、妆容和服饰	符合高星级酒店西餐宴会服务标准	5
合计			100

1.3　前台接待

通过本赛项训练和比赛,全面提高员工对前台接待服务文化内涵的理解,熟练地为客人提供专业得体友好礼貌的入住接待服务,熟练运用酒店专业知识对客人进行适当的升级销售和推介。

1.3.1　比赛内容

(1)前台接待礼仪和入住等工作规范和流程。
(2)推销本酒店业务及升级销售技巧。
(3)为客人提供叫醒等其他服务。

1.3.2　比赛要求

(1)热情服务和熟练完成对客服务整个流程及其他咨询引导等服务(10分钟内完成)。
(2)推销本酒店业务并巧妙运用升级销售技巧。
(3)如使用英语,按表现能力和效果加分。

1.3.3　分值安排

比赛项目内容与分值占比见表4。

表4　比赛项目内容与分值占比

序号	项目内容	完成要求	分值占比(%)
1	接待服务礼仪	主动问候、耐心咨询、热情引导	15
2	前台服务	熟练掌握前台入住流程	30
		结合酒店自身产品进行营销	20
		客房升级销售处理技巧	20
		为客人提供叫醒等其他服务	10
3	礼仪、妆容和服饰	符合高星级酒店前台接待服务标准	5
合计			100

1.4　客房服务

通过本赛项训练和比赛,全面提高员工对提供国际化优质客房服务的认识,提高房务服务标准化水平和员工综合职业能力。

1.4.1　比赛内容

(1)中式铺床全套技能(大床房和双标房)。

(2)开夜床服务技能。

(3)楼层服务技巧(双语):打扫房间;送餐服务。

1.4.2　比赛要求

1)客房中式铺床现场操作规则要求

(1)按客房中式铺床流程,根据赛委会统一提供设备物品进行操作。

(2)20分钟内完成大床房和双标房各一间共三张床铺设及其用品摆放、卫生间打扫等。

(3)操作过程中,选手不能跑动、跪床或手臂撑床,每违例一次扣2分。

2)开夜床服务要求

(1)整理床铺、准备物品(准备工作时):位置正确,操作规范。

(2)被子折角:将被子翻折于床上一侧的直角边与被子中线重合;折角平整,下垂自然。

(3)摆放晚安卡、矿泉水及水杯等其他用品:突出温馨、有创意,符合客人的需求。

(4)铺地巾、放拖鞋:科学合理,卫生安全,符合客人需求。

3)楼层服务

以保证客人安全、隐私和便于打扫和送餐等服务为原则。

1.4.3　分值安排

比赛项目内容与分值占比见表5。

表5　比赛项目内容与分值占比

序号	项目内容	完成要求	分值占比(%)
1	布草准备	快速、准确、安全、卫生	10
2	中式铺床现场操作	①按客房中式铺床流程,10分钟内完成大床房铺床和卫生美化等工作	20
		②按客房中式铺床流程,10分钟内完成双标房铺床和卫生美化等工作	25
3	开夜床服务技能	①突出开夜床温馨、浪漫、有创意,符合客人的需求	
		②铺地巾、放拖鞋等环节:科学合理,卫生安全,符合客人需求	30
4	楼层服务技巧	以保证客人安全、隐私和便于打扫和送餐等服务为原则完成整个过程(英语加分)	10
5	礼仪、妆容和服饰	符合高星级酒店客房服务标准	5
合计			100

2 比赛技术要求参考细则

2.1 中餐主题宴会

2.1.1 操作细则

（1）按中餐正式宴会摆台,鼓励选手利用自身条件,创新台面设计。

（2）操作时间 15 分钟（提前完成不加分,每超过 30 秒,扣总分 2 分,不足 30 秒按 30 秒计算,以此类推;超时 2 分钟不予继续比赛,未操作完毕,不计分）。

（3）选手提前进入比赛场地,裁判员口令"开始准备"则进行准备工作,准备时间 3 分钟。准备就绪后,举手示意。

（4）选手在裁判员宣布"比赛开始"后开始操作。

（5）比赛中所有操作必须按顺时针方向进行。

（6）所有操作结束后,选手应回到工作台前,举手示意"比赛完毕"。

（7）除台布、桌裙或装饰布、花瓶（花篮或其他装饰物）和桌号牌可徒手操作外,其他物件必须用托盘完成。

（8）餐巾准备无任何折痕;餐巾折花花型不限,但须突出主位花型,整体挺括、和谐,符合台面设计主题。

（9）餐巾折花和摆台先后顺序不限。

（10）比赛中允许使用装饰盘垫。

（11）提供餐桌转盘,比赛时是否使用由参赛选手自定。如需使用转盘,须在抽签之后说明。

（12）比赛评分标准中的项目顺序并不是规定的操作顺序,选手可以自行选择完成各个比赛项目。

物品落地每件扣 3 分,物品碰倒每件扣 2 分;物品遗漏每件扣 1 分。

2.1.2 比赛物品准备

（1）餐饮部提供物品:① 餐台（高度为 75 厘米）、圆桌面（直径 180 厘米）、餐椅（10 把）、工作台（1 个）;② 餐碟、味碟、汤勺、口汤碗、长柄勺、筷子、筷架（各 10 套）;③ 水杯、葡萄酒杯、白酒杯（各 10 个）;④ 牙签（10 套）;⑤ 菜单（2 个或 10 个）;⑥ 公用餐具（筷子、筷架、汤勺各 2 套）;⑦ 防滑托盘（2 个）。

（2）选手自备物品:① 规格台布;② 桌裙或装饰布;③ 餐巾（10 块）;④ 主题装饰物（自创）;⑤ 桌号牌（1 个,上面写上参赛队员姓名）。

2.1.3 摆台比赛评分标准

摆台比赛评分标准见表 6。

表6　摆台比赛评分标准

参赛人姓名				
项　目	操作程序及标准	分值	扣分	得分
台布(5分)	可采用抖铺式、推拉式或撒网式铺设,要求一次完成,两次扣0.5分,三次及以上不得分	3		
	台布定位准确,十字居中,凸缝朝向主副主人位,下垂均等,台面平整	2		
桌裙或装饰布(5分)	桌裙长短合适,围折平整或装饰布平整,四角下垂均等(装饰布平铺在台布下面)	5		
餐桌定位(5分)	从主宾位开始拉椅定位,座位中心与餐碟中心对齐,餐椅之间距离均等餐椅座面边缘距台布下垂部分1.5厘米	5		
餐碟定位(10分)	一次性定位、碟间距离均等,餐碟标志对正,相对餐碟与餐桌中心点三点一线	6		
	距桌沿约1.5厘米	2		
	拿碟手法正确(手拿餐碟边缘部分)、卫生	2		
味碟、汤碗、汤勺(5分)	味碟位于餐碟正上方,相距1厘米	2		
	汤碗摆放在味碟左侧1厘米处,与味碟在一条直线上,汤勺放置于汤碗中,勺把朝左,与餐碟平行	3		
筷架、筷子、长柄勺子、牙签(15分)	筷架摆在餐碟右边,与味碟在一条直线上	4		
	筷子、长柄勺搁摆在筷架上,长柄勺距餐碟3厘米,筷尾距餐桌沿1.5厘米	5		
	筷子正面朝上	3		
	牙签位于长柄勺和筷子之间,牙签套正面朝上,底部与长柄勺齐平	3		
葡萄酒杯、白酒杯、水杯(15分)	葡萄酒杯在味碟正上方2厘米	3		
	白酒杯摆在葡萄酒杯的右侧,水杯位于葡萄酒杯左侧,杯肚间隔1厘米,三杯成斜直线,向右与水平线呈30度角。如果折的是杯花,水杯待餐巾花折好后一起摆上桌	12		
	摆杯手法正确(手拿杯柄或中下部)、卫生	3		
餐巾折花(8分)	花型突出主位,符合主题、整体协调	2		
	折叠手法正确、卫生、一次性成形美观大方	6		
共用餐具(4分)	公用餐具摆放在正副主人的正上方	2		
	按先筷后勺顺序将筷、勺搁在公用筷架上(设两套)公用筷架与正副主人位水杯对间距1厘米,筷子末端及勺柄向右	2		

（续表）

项　目	操作程序及标准	分值	扣分	得分
菜单、花瓶（花篮或者其他装饰物）和桌牌号（4分）	花瓶（花篮或其他装饰物）摆在台面正中,造型精美、符合主题要求	1		
	菜单摆放在筷子架右侧,位置一致（两个菜单则分别摆放在正副主人的筷子架右侧）	2		
	桌号牌摆放在装饰物正前方、面对副主人位	1		
托盘（4分）	用左手胸前托法将托盘托起,托盘位置高于选手腰部	4		
综合印象（20分）	台面设计主题明确,布置符合主题要求	10		
	餐具颜色、规格协调统一,便于使用	2		
	整体美观、具有强烈艺术美感	4		
	操作过程中动作规范、娴熟、敏捷、声轻,姿态优美,能体现岗位气质	4		
合　　计		100		

操作时间:　　分　　秒	超时:　　　秒	扣分:　　分
物品落地、物品碰倒、物品遗漏　　　　　件		扣分:　　分
实际得分:		
评委签名:		

2.2　西餐服务

2.2.1　操作细则和比赛流程

1）餐前准备工作（10分钟）

（1）备齐西餐餐具：2位用。

（2）按习惯和操作方便及卫生整齐原则：整理、检查和擦拭器具。

2）铺台（10分钟）

（1）餐巾折花：6个花式不同的盆花（在工作台完成）。

（2）铺台：铺设台布——摆齐桌椅：大刀＋大叉＋西餐方巾＋水杯;花瓶＋台号＋胡椒盐＋黄油碟＋黄油刀。

要求：准确度高：桌布铺设位置、四位餐具摆放标准一致;桌椅距离桌布全部一致;动作优美、潇洒、流畅、轻盈、干练;速度均衡;表情自然、面带微笑。

3）服务流程要点

（1）迎宾→引路→让座→餐前倒水服务→面包服务→点菜→复述菜单→送厨房。

（2）为客人调整餐具→示酒→备酒或备饮料→斟酒或倒饮料→上主菜→续水→买单→结束服务→送客。

2.2.2 英语表达(参考)

1) 迎宾

A：Good morning/afternoon/evening, Sir/Madam. Welcome to our restaurant. Do you have a reservation?

B：Yes, I have.

A：May I have/know your name, please?

B：Yes, my name is xxx.

A：Thank you. Please wait a moment. Let me check it. A table for one, beside the window, is that correct?

B：Yes. Thank you.

A：You are welcome. Is this table OK?

B：OK. Thank you.

A：Take a seat, please.

B：OK. Thank you.

A：My pleasure.

A：Would you like something to drink before your dinner?

B：Yes, please.

A：We have mineral water. Lemon or ice?

B：Lemon/ice, please. Thank you.

A：You are welcome./It's my pleasure.

2) 开始点菜

A：Excuse me Sir/Madam. Here is your menu. Have a look please.

B：OK, thank you.(上面包)

A：Excuse me, Are you ready to order, Sir/Madam?

B：Yes, please.

3) 点前菜

A：What would you like to start? / Would you like a salad first?

Sir/Madam, our xxx salad is very popular in our restaurant.

Would you like to have a try?

B：OK, I'd like xxx salad.

A：It's the best choice.

Are you allergic to any particular food?

B：No, I'm not allergic to any particular food. Thank you.

4) 点主菜

A：Which main course would you like?

How about the xxx? Xxx is the chef's recommendation.

B：Ok. Thank you.

A：How would you like your steak to be cooked?

B：Medium-well.

A：Which dressing would you like to go with your beef/pork/lamb?

We have several kinds of dressing to choose from.

B：I'd like xxxx dressing. Thank you.

5）推荐酒服务

A：Would you like some wine with your meal?

B：No. Thank you. We like Coca Cola, please.

6）复述菜品

A：May I repeat your order now?

You have ordered xxx to start, and followed by xxx soup. The main course is xxx. The wine is xxx, is that correct?

B：That's right. Thank you.

A：My pleasure. Just a moment, please.

7）结账

A：Can I help you?

B：May I have the bill, please?

A：Certainly Sir(Madam). Wait a moment.

Here is your bill, sir. Please check it.

How would you like to settle the bill?

Ali pay or credit card?

B：Card.

A：Please sign here.

B：Yes. Here you are.

A：Thank you.

A：Sir. Are you satisfied with the dishes?

B：Yes. Very tasty. I like the steak most, fresh and soft.

8）送客

A1：Please take your belongings. Don't leave your belongings and have a nice day.

A2：Thank you for your coming and hope to see you again.

A3：Hope to see you again./Have a nice day.

2.3 客房服务与管理操作要求

2.3.1 中式铺床基本规则

1）基本规则

（1）按客房中式铺床流程,根据组委会统一提供设备物品进行操作。

（2）客房中式铺床:大床操作时间 4 分钟,双标床操作时间 3 分钟（提前完成不加分,每超过 10 秒扣 2 分,不足 10 秒按 10 秒计算,超过 1 分钟不予继续比赛,裁判根据选手完成部分进行评判计分）。

（3）选手必须佩带参赛证提前接受检录,然后佩戴参赛号牌进入比赛场地,在指定区域按组别向裁判进行仪容仪表展示,时间 1 分钟。

（4）裁判员统一口令"开始准备"后进行客房中式铺床准备,准备时间2分钟。准备就绪后,选手站在工作台前、床尾后侧,举手示意。

（5）选手在裁判员宣布"比赛开始"后开始操作。

（6）操作结束后,选手立于工作台前,举手示意"比赛完毕"。

（7）比赛在指定真实客房中进行,按高标准服务要求完成。

（8）操作过程中,选手不能跑动、跪床或手臂撑床,每违例一次扣2分。

2）中式铺床程序和标准

（1）整理床垫（准备工作时）：位置正确、平整,四边平齐,床垫无污迹、无毛发、无破损,床垫拉正对齐。

（2）抛铺床单：开单、抛单、打单定位一次成功;床单中线居中,不偏离中线;床单正面朝上,表面平整光滑;包角紧密垂直且平整,式样统一;四边掖边紧密且平整。

（3）套被套：站在床尾,一次性抛开被套,平铺于床上;被套口向床尾打开;羽绒被芯放置于床尾,被芯长宽方向与被套一致;将被芯两角一次性套入被套内,被芯头部塞入被套顶部并填实,抖开被芯,四角定位,被芯与被套两边的空隙均匀;抛开羽绒被,被头拉到与床垫的床头部位齐平,一次定位成功;被头朝床尾方向反折45厘米。被套中线居中,不偏离床中线;羽绒被在被套内四角到位,饱满、平展,羽绒被在被套内两侧两头平整,被套表面平整光滑,被套口平整且要收口,被芯、绑绳不外露。

（4）套枕套：将枕芯平放在工作台上,撑开枕套口,将枕芯往里套;抓住枕套口,边提边抖动,使枕芯全部进入枕套里面;将超出枕芯部分的枕套掖好,枕套开口包好不外露,并把枕套口封好;套好的枕头须四角饱满、平整,且枕芯不外露。

（5）放枕头：枕头放置于床头中央,枕头边与床头边平行,枕头开口朝下并反向床头柜,放好的枕头距床两侧距离均等,整个枕头表面平整、光滑、无皱折,枕套中线与床单中线在一条线上。

（6）外观：床铺整齐美观,整张床面挺括,三线对齐。

（7）总体印象：竞赛中,选手操作规范、自如,轻松紧凑,动作优美,技术娴熟,不能跑动、跪床或手臂撑床,不重复。

3）其他相关说明

（1）床单和被套叠法：正面朝里,沿长边对折两次,再单边朝里沿宽边对折两次。被芯折叠法：沿长边S型折叠,再两头向中间折,然后对折。

（2）选手不可在床头操作,其余位置不限。

（3）床架（含脚）+床垫高度为49厘米（误差1厘米）。

（4）所有比赛用品均由承办方提供,选手不得自带比赛用品参加比赛。

2.3.2　开夜床服务程序和规则

（1）整理床铺、准备物品（准备工作时）：位置正确,操作规范。

（2）被子折角：将被子翻折于床上一侧的直角边与被子中线重合;折角平整,下垂自然。

（3）摆放创意用品、矿泉水及水杯：在床头柜上摆放晚安卡（环保卡）、矿泉水及水杯（含杯垫、杯盖）;物品摆放位置合理,方便客人使用,卫生。

（4）铺地巾、放拖鞋：将地巾摆放于折角一侧,地巾靠床头边与被子翻折45厘米（靠近床头一侧）齐平;地巾靠床体边与被子下垂边沿垂直齐平;拖鞋摆放于地巾之上,鞋头朝外。

（5）整体效果：三线对齐,床品清洁,平整美观,方便使用,凸显创意特色;操作过程动作规范、娴熟、敏捷。

2.3.3　比赛流程和要求

"比赛开始"口令发出后要求如下。

（1）选手到指定布草间领取所需用品。

（2）选手推布草车分别进入比赛指定其中客房完成铺床项目。

（3）根据抽签,选手在其中一间客房布置夜床。

2.4　前台接待技术指南

2.4.1　基本要求(见表7)

表7　前台接待基本要求

序号	项目内容	比　赛　要　求	备注
1	妆容和服饰	面容男生不留须,女生化淡妆	
		头发男生前不过眉,侧不及耳,后不及领,不染不符合酒店接待发色,女生不留披肩发,短发不过肩,长发要束髻,不染不符合酒店接待发色	
		男生着符合前台接待的白色衬衫、黑色或者深蓝色西服套装,女生着符合前台接待的深色西服套装	
		男生着黑色袜子、黑色皮鞋;女生着肉色或黑色丝袜、黑色皮鞋	
		男生指甲修剪干净;女生不染夸张颜色	
		项链手链珠串不外露,不佩戴除耳钉以外的耳饰,不佩戴运动手表,不使用戴有色美瞳,夸张眼镜,没有过多的香水、须后水	
2	接待礼仪	主动问候客人	
3	前台接待	前台入住、离店结账流程	
		结合酒店自身产品进行营销	
		客房升级销售处理方案表达的流利度	
		行李寄存和外卖、快递等服务	
		周边旅游交通咨询问答,语言表述专业、流畅	
		聆听并表示为客人解决问题的态度	
		感谢顾客	
	按时完成、表达流畅;英语加分		

2.4.2　中英双语交流(参考)

1）入住登记

R：早上好,先生,需要我帮助吗?

Good morning, sir. How may I help you?

G：我在你酒店网站上预定了房间,你能帮我办理入住吗?

I have a booking from your hotel website, could you have a check for me?

R：可以,你的护照? 谢谢。

Yes, may I have your passport? Thank you sir.

R：萧先生,你预定了1晚无烟房朝南的房间。

Mr. Xiao, I already found that you booked a non-smoking room facing south for one night from our website.

G：是的,噢噢,还有,我有公司的协议价格,你能按照协议价办理入住吗?

Yes, that's correct. Oh … Oh … I remember that I have a corporate rate. Could you have a check for me?

R：请稍等,噢,萧先生,我看到了,是人民币600元一晚,包含一顿早饭和2件衣服的洗涤。

Please wait a moment. Yes, Mr. Xiao. I already found it. It is 600 Yuan RMB per night including a breakfast and two items for laundry.

G：是的,正确,请帮我办理。

Yes, wonderful! I'd like to check in.

R：没问题,先生,马上。

No problem sir, I will do that immediately.

R：好了,萧先生,1晚600元。无烟房,特大床房,房间号1203,含一顿早餐,早餐在一楼咖啡吧101,这是你的房间钥匙。

Yes, Mr. Xiao. You will be staying for 1 night at the rate of 600 RMB, non-smoking, king-size room, room number 1203, including a breakfast, the breakfast is on the first floor cafe 101. Here is your room key card.

G：非常感谢。

Thank you very much. You are really helpful.

R：我很乐意,祝你入住愉快。

My pleasure, Mr. Xiao. Enjoy your stay.

2）升级销售

王先生到酒店前台正常办理入住手续,但客人预定了一间没有早餐的标准间,客人表示想要2份早餐,并想使用酒店的俱乐部休息室,在这种情况下,如何升级销售?

Mr. Wang went to the front desk of the hotel to make a normal check in, but He booked a standard room without breakfast. Mr. Wang indicated that he wanted two breakfasts and use the hotel's club lounge. In this case, How could you up-sell?

R：按照你的要求,我们的行政房更适合您,因为这间房包含2份早餐,并可以免费使用酒店的俱乐部休息室,而价格只在原价基础上加200元而已,还能享受行政楼房的高档服务。请问您需要吗?

Mr. Wang, according to your requirements, our executive room is more suitable for you, because the room rate includes two breakfasts, and you can use the club lounge of the hotel for free, and the rate is only 200 yuan on the basis of the original price, and you can also enjoy the high-end service of the executive building. Would you like to upgrade it?

G：听上去挺不错的,那就换成行政房。

Sounds nice. Let's change it to executive room.

R：好的,现在就为您办理入住手续

Very well, I'll check you in now.

2.5 会务接待

2.5.1 主题茶点台设计与布置

1）操作条件

（1）茶点台布置操作室及茶点台铺设必备用具用品。

（2）主题餐台布置小饰品考生可自备。

2）操作内容

（1）主题茶点台设计（20 人用）。

（2）主题茶点台布置（20 人用）。

3）操作要求

（1）仪表仪容：精神饱满,面带微笑,头发整齐,不留长指甲、不涂指甲,不佩戴饰物,服装（鞋袜）整洁完好。

（2）主题茶点台设计。

① 设计平面图（可在场外制作）：主题鲜明、新颖、有创意,布局合理,美观,制作精美。

② 说设计（现场）：能清楚讲解茶点台设计构思（平面图）,言简意赅,有条不紊,普通话规范。

（3）主题茶点台布置。

① 铺装饰台布：铺台布动作正确、由里向外铺,台布中线居中,正面朝上,两头下垂 40 厘米,铺设平整、美观。

② 物品摆放：拿餐、饮具动作规范,轻拿、轻放,摆放物品数量合乎要求,无物品掉落、打碎,否决项：物品掉落、打碎即为 E。

③ 托盘与操作过程：托盘手势正确、姿势优美、托盘平稳,托送灵活；操作规范、安全、卫生。否决项：盘中物品掉落、打碎即为 E。

④ 综合印象：茶点台布置能完美体现设计理念,主题鲜明、有创意,构思巧妙,布局合理,造型美观,能方便客人取用。

2.5.2 会务英语

1）Checking out（退房）

A：Good morning, sir. What can I do for you?

B：I'm Bellow. I'm in 908 room and I'd like to check out now.

A：Just a moment, please.

（Checking files）Are you Mr. Bellow?

B：Yes.

A：Did you have breakfast this morning?

B：Yes, but I paid cash for it.

A：And have you used any hotel services since breakfast?

B：Yes. I used the mini-bar. I drank a can of coca-cola.

A：All right（Give Mr.Bellow the bill）. Here you are sir. It totals 3,450 Yuan RMB, including

15% service charge. Please check it.

A：Oh, I see. Thank you. Can I pay with traveller's checks?

B：Certainly sir. Here is your invoice, Mr. Bellow, we hope you enjoyed your stay with us here. And wish you a pleasant trip.

A：Thank you.

A：早上好,先生。我能够为你做什么吗?

B：我叫贝罗,在 908 房间,我想现在办理退房。

A：请稍等(检查相关记录)你是贝罗先生吗?

B：是的。

A：你今天早上吃早餐了吗?

B：是的,但我是付现金结账的。

A：自早餐以后你曾享受过任何酒店服务吗?

B：是的,我曾从迷你酒吧中拿过一听可口可乐。

A：好的。(给罗先生账单)先生,这个给你。一共消费人民币 3 450 元,其中包括 15%的服务费。请核对。

B：好的,我看看。谢谢你。我可以用旅行支票支付吗?

A：当然可以,先生。这里是您的发票,罗先生,我们希望你喜欢我们这儿并且祝你有一个愉快的旅行。

B：谢谢。

2) A reservation Call (预订电话)

Mr. Bellow (B) is reserving a table on the telephone.

Captain (C)：Good morning. This is "Spring House" Wang speaking. May I help you?

B：What time do you open in the evening?

C：We open at 5:30, sir, and we take the last orders at 10:30.

B：Good. I'd like to reserve a table for two.

C：Yes, sir. What time would you like your table, sir?

B：I am not sure … perhaps around 8:00.

C：Fine. I'll reserve a table for two at 8:00, sir. May I have your name, please?

B：Bellow. Henry Bellow.

C：Thank you, Mr. Bellow.

B：Oh, is there any chance of a table by the window? My wife loves the Shanghai harbor view. One more thing, as it is her birthday, I want it to be a celebration.

C：I see. We have already received many bookings and though I cannot guarantee anything. Please be assured that we'll try our best, Mr. Bellow. I hope you'll understand.

B：I do, but I would appreciate it if it could be arranged.

C：I'll try my best. Mr. Bellow. Thank you for calling us.

B：Good-bye!

C：Good-bye and have a good day!

罗先生打电话预约餐桌。

C：早上好。这里是春季家园。我是小王,有什么可以帮助您吗?

B：晚上你们什么时候开门啊?

C：我们早上 5:30 开到晚上 10:30。

B：好的,我想要预订两人位。

C：是的,先生。那您想预订什么时间呢?

B：我不确定……也许是 8:00 左右。

C：好的。我将为您预订 8:00 的两人餐位,先生。能告诉我您的名字吗?

B：贝罗。亨利·贝罗。

C：谢谢你,贝罗先生。

B：哦,是没有机会选择靠窗的位子? 我的妻子喜欢上海的海景。还有,因为这是她的生日,我想为她庆祝。

C：我看看,我们已经接到许多预定,虽然我不能保证什么。不过请放心,我们将竭尽所能,贝罗先生。希望你能理解。

B：我知道,如果能够安排我会很感激的。

C：我们将竭尽所能,贝罗先生。感谢您的来电。

B：再见!

C：再见,祝您有愉快的一天!

3）Birthday Cake（生日蛋糕）

Mrs. Bellow's dinner party has almost come to an end.

Waiter（W）：Happy birthday, Mrs. Bellow.

Mrs. Bellow（M）：Thank you.

W：May I serve you the birthday cake, now?

M：Yes, please.

W：Here is your birthday cake.

M：It's so nice with these tiny candles. Have you put my name on the cake?

W：Yes, of course. Mrs. Bellow, and here are some congratulations on it, too.

M：Aha, let me have a look. Oh, it's in Chinese. But no problem, I can read the Chinese. It says:"Nihao, Mrs. Bellow."

W：Excuse me, shall I light the candles now or would you like to do it yourself?

M：I'd do it myself.

W：Here is the match.

M：Fine.

W：Excuse me. May I cut the cake into pieces now?

M：Yes, thank you. It's very nice of you.

（The waiter cuts the cake and serve every guest from the right side.）

罗夫人的晚宴快接近尾声了。

服务生(W)：祝你生日快乐,罗夫人。

M：谢谢你。

W：现在能够上生日蛋糕了吗?

M：可以了,请拿上来吧。

W：这是你的生日蛋糕。

M：这些小蜡烛太美了。你把我的名字写在蛋糕上了吗？

W：当然。罗夫人,蛋糕上还有些祝贺语。

M：呀,让我看看。噢,是用中文。不过没关系,我能读懂。这上面写着"你好,贝罗夫人。"

W：打扰一下,您是要我帮你点亮蜡烛还是你愿意自己点？

M：我自己来吧。

W：给你火柴。

M：谢谢!

W：不好意思,现在需要我把蛋糕切片吗？

M：是的,谢谢你。你做得太好了。

(服务员把蛋糕切片并且从客人的右侧上蛋糕)

4) Showing how to use certain facilities (展示如何使用设施)

Mr. Bellow (B) calls the room Center.

Employee (E)：Good morning. Room Center. May I help you?

B：Certainly. This is Bellow calling from room 908. The air-conditioning in my room refuses to work. I couldn't get any cool air.

E：I'm terribly sorry to hear that. I'll send the repairman to fix it right away.

(The repairman (R) comes and fixes the air-conditioner)

R：How do you feel now?

B：Oh, I can feel the cool air now. one more thing, just now I was about to take a shower, but no hot water come out.

R：Oh, I'm sorry. May I have a look?

B：Go ahead, please.

R：Mr. Bellow, those shower controls are difficult to use. Did you pull the handle out and move it to the right?

B：No, I didn't.

R：(the repairman demonstrates how to use the control.) Now, could you please try it again?

B：Oh, I can handle it now. Thank you.

贝罗先生(B)致电客房中心。

职工(E)：早上好,客房中心,有什么可以帮助您吗？

B：当然。我是 908 的贝罗。我房里的空调坏了。我不能感到丝毫的冷风。

E：听到这个消息我很抱歉。我马上派维修人员进行修理。

(一名维修人员前来修理空调)

R：你现在感觉怎么样？

B：我能感到冷风了。另外还有件事,刚才我打算淋浴,但没有热水出来。

R：噢,很抱歉。我可以看看吗？

B：这里请。

R：贝罗先生,这些淋浴控件很难使用。你拉出手柄并向右移动吗？

B：我没有。

R：（维修人员演示了怎样使用控制器）现在请你再次试一下吧。

B：好的，我现在会了，谢谢。

5）Introducing the Services of the Business Center（介绍商务中心的服务）

Mr. Bellow（B）calls the Business Center in the morning.

Clerk：Good morning. Business Center. May I help you?

B：Good morning. This is Henry Bellow calling Room 908. Would you mind giving me some information on you services?

C：Certainly not, Mr. Bellow. We have comprehensive communication facilities and assistance catering to needs of all our business guests.

B：I have some documents to be typed at the moment and I hope they will be ready before 3:00PM today.

C：How many pages are there in all?

B：It will be about twenty pages.

C：Well, it's rather a tough job, but we'll try our best, Mr. Bellow.

B：Good, I'd really appreciate it if it could be arranged.

C：Is there anything else. Mr. Bellow?

B：Oh, please send this fax to New York.

C：Yes, sir. May I have the fax number

B：Here you are. It's 212456 – 3663.

C：Would you mind signing your name on the bill here? It will be on your account?

B：Certainly not, here you are.

贝罗先生在早上打电话到商务中心。

店员：早上好。商务中心。有什么可以帮助您吗？

B：早上好。我是 908 房的亨利·贝罗。你不介意用你的服务为我提供些信息吧？

C：当然不会，贝罗先生。我们有完善的通信设备并且协助配合所有商务客人的需要。

B：我目前有一些文件要打印并且希望在今天下午三点前给我。

C：请问一共有多少页？

B：大约有 20 页吧。

C：这个工作相当棘手，但我们将竭尽所能，贝罗先生。

B：太好了，如果可以安排我将非常感激。

C：还有其他事情能帮您吗？贝罗先生。

B：噢，请帮我发个传真到纽约。

C：可以，先生。能告诉我传真号吗？

B：给你。号码是 212456 – 3663。

C：你可以在这账单上签名吗？这将记在你的账户上。

B：当然可以，给你。

6）Introducing the meeting room facilities（介绍会议室设施）

W：Mr. Smith, this is a light switch, air-conditioning equipment, amplifiers, projectors, tape recorders and microphones.

S：Fine, thank you.

W：Here are two sockets, 110 volts and 220 volts.

S：Thank you very much.

W：If you need something else, please dial 8 or inform attendants.

S：Thank you.

W：You are very welcome.

服务员：史密斯先生,这是电灯开关、空调调节装置、扩音机、投影仪、录音机和话筒。

史密斯先生：太好了,谢谢。

服务员：这儿有两个插座,分别是 110 伏和 220 伏。

史密斯先生：非常感谢。

服务员：如果您还需要其他东西请拨 8 号或告知服务员。

史密斯先生：谢谢您。

服务员：不必客气。

7) Postponing or Canceling Meetings（会议延期或取消）

A：Hello, may I help you?

B：I'm Mr. Smith, I'm sorry to tell you that today's meeting to be postponed.

A：Postponed to what time?

B：Do you have meeting rooms tomorrow?

A：Tomorrow's meeting rooms has been booked.

B：It is too late, Please help me to cancel this meeting.

A：Hope to see you again next time you visit.

B：Thank you very much.

A：You're welcome.

A：你好,我能帮你什么吗?

B：我是史密斯,我很抱歉地告诉你,今天的会议我要延期了。

A：延期至什么时候?

B：明天还有会议室吗?

A：明天的会议室已经被预订了。

B：那就太晚了,请帮我取消这个会议。

A：希望您下次来访时能再见到您。

B：非常感谢。

A：不用客气。

8) Calling a taxi（叫出租车）

A：Hello, sir, may I help you?

B：Please help me call a taxi.

A：OK, where are you going?

B：Nanjing Road.

A：Please wait.

B：How far is it from here?

A：Only about 20 minutes by taxi.

B：Oh, not too far away.

A：Your car, please get in your car.

B：Thank you.

A：You're welcome.

A：您好,先生,我能为您做什么?

B：请帮我叫辆出租车。

A：好的,您要去哪里?

B：南京路。

A：请稍等。

B：离这儿有多远?

A：坐出租车大概只需要二十分钟。

B：哦,不太远。

A：您的车来了,请上车。

B：谢谢。

A：不客气。

9）Meeting time（会议时间）

A：Hello, may I help you?

B：Where is the hotel's conference room?

A：Please follow me over there. I am referring to you.

B：When the meeting begins?

A：At 9 a.m..

B：How long the meeting?

A：Two hours.

B：Thank you.

A：You're welcome.

A：您好,我能为您做什么?

B：饭店的会议室在哪里?

A：在那边请跟我来。我指给您。

B：会议什么时候开始?

A：早上九点。

B：会议多长时间?

A：两个小时。

B：谢谢。

B：不必客气。

10）Booking the conference room（预订会议室）

A：May I help you?

B：I would like to book the conference room for Mr. Smith this afternoon.

A：How long will it take?

B：Three hours.

A：How much is the conference room per hour?

B：200 yuan per hour.

A：No problem.

B：Please book a conference room this afternoon for Mr. Smith.

A：How many people attended the meeting?

B：Ten people.

A：Well, Mr. Smith booked the conference room this afternoon from 1：00 to 4：00.

B：Yes, thanks.

A：我能为您做什么?

B：我想为史密斯先生订今天下午的会议室。

A：要用多长时间?

B：三小时。会议室每小时收费多少?

A：每小时 200 元。

B：没问题。请为史密斯先生预订今天下午的会议室。

A：有多少人参加会议?

B：十人。

A：好的,史密斯先生预订了今天下午一点到四点的会议室。

B：是的,谢谢。

附录一 单位部门对带教督导(师傅)考核评价表

师傅姓名＿＿＿＿＿＿＿＿ 工作部门＿＿＿＿＿＿＿＿ 岗位＿＿＿＿＿＿＿＿

考核项目	考 核 要 素	衡量标准(单项满分10分)	单项得分
整体工作成效	1. 工作任务	与预定的指导工作要求相比,达标程度(时间、质量、数量等)	
	2. 工作质量	完成培训课程和定向带教工作的质量是否达到标准要求	
	3. 工作效率	学员工作学习生活等成长进步综合情况	
工作能力培养	4. 专业能传授	学员岗位技能知识的掌握、运用程度以及技术提高水平	
	5. 适应能力引导	学员能适应新环境,并快速融入工作中	
	6. 沟通能力培养	学员主动与他人合作,人际关系和谐	
	7. 理解力提升	能全面掌握分配工作、善于吸收和掌握新知识、新技能	
工作态度培养	8. 工作态度强化	学员工作自觉、积极;忠于职守、坚守岗位	
	9. 执行力培养	学员服从指挥,严格执行工作计划,能有效应对紧急任务	
	10. 忠诚度教育	学员认同企业文化,维护企业荣誉和利益的综合情况	
合计得分			
部门意见: 人力资源部意见:			
总经理签字:			

附录二 学徒对师傅背靠背考核表

学徒姓名_____ 工作部门_____ 岗位_____

请在您的评价选项上打"√"表示;如对问题有补充,可在备注处填写。

考 核 内 容	考 核 目 标	评 价	备 注
1. 实习过程中酒店和部门培训机会是?	完全没有培训		
	持续系统的培训		
	有一定的、能满足工作需要的培训		
	培训不能满足工作的需要		
2. 实习过程中酒店和部门培训机会是?	持续系统的培训		
	有一定的、能满足工作需要的培训		
	培训不能满足工作的需要		
	完全没有培训		
3. 实习过程中酒店培训机会是?	持续系统的培训		
	有一定的、能满足工作需要的培训		
	培训不能满足工作的需要		
	完全没有培训		
4. 您是否了解督导和带教师傅为您制定的个人培训计划?	是		
	否		
5. 您的督导和带教师傅为您做培训的次数是?	每天		
	一周 2~3 次		
	一周一次		
	一个月一次		
	无培训		
6. 您的督导或带教师傅在培训时的培训方式如何?	多样化,有意思		
	一般,中规中矩		
	没意思,平淡无味		
7. 您的督导和带教师傅对培训内容是否熟练?理解是否深刻?讲解是否透彻?	水平很高		
	水平较高		
	水平一般		
	水平较差		

（续表）

考 核 内 容	考 核 目 标	评 价	备 注
8. 您能否将培训期间所学习的知识运用到实际工作中？	充分运用		
	一般运用		
	无法运用		
9. 您在遇到问题的时候,是否得到带教师傅正确的指导？	经常得到指导		
	有时指导		
	几乎没有指导		
10. 您认真并出色完成工作时,您的督导或带教师傅的态度是？	公开赞赏		
	私下赞赏		
	偶尔表示赞赏		
	视若无睹完全漠视		
11. 您对于自己的工作职责及工作流程是否已完全掌握？	完全掌握		
	部分掌握		
	仍需老员工的指导		
12. 您的督导和带教师傅在工作中经常会用积极的语言鼓励您吗？	是		
	不是		
13. 您觉得您的督导和带教师傅的仪容仪表如何？	出色		
	合体		
	不合适		
14. 实习过程中督导和带教师傅是否会给你独立做出判断并完成工作的机会？	没有,一般都是听从上司的具体安排,但是不能完全独立完成		
	有,一般都是自己独立完成		
	很少有人干涉,不清楚		
15. 在实习中与同事的相处情况？	很好,能迅速融入同事圈子		
	能相处融洽		
	有表面上的来往		
	与他们格格不入		
16. 在实习中遇到的最大困难是？	人际关系		
	工作压力与工作强度个人心理问题		
	生活上的问题		
	其他		
17. 实习让你获得的最大收获是什么？			

附录三　学徒制学员学习考核表

考核对象：　　考核时间：　　年　月　日—年　月　日

考核项目	考核要素	衡量标准(单项满分10分)	单项得分
学习成效	1. 学习任务	与预定要求相比,达标程度(时间、质量、数量等)	
	2. 学习质量	完成的质量能够达到标准要求	
	3. 学习效率	完成迅速,无浪费时间或拖拉现象	
学习能力	4. 专业技能	对岗位技能知识的掌握、运用程度以及技术提高水平	
	5. 适应能力	能适应新环境,并快速融入工作、学习中	
	6. 沟通合作	主动与他人合作,人际关系和谐	
	7. 理解力	能全面掌握分配工作、善于吸收和掌握新知识、新技能	
学习态度	8. 学习态度	学习自觉、积极	
	9. 执行力	服从指挥,严格执行学习计划	
	10. 忠诚度	认同企业文化,维护企业荣誉和利益	
合计得分			

督导(教师)意见：

签字：